Rita Strackbein / Dirk Strackbein

Ergebnisorientiert delegieren

Rita Strackbein / Dirk Strackbein

Ergebnisorientiert delegieren

Engagement fordern, Selbstverantwortung fördern

GABLER

Die Deutsche Bibliothek – CIP-Einheitsaufnahme
Ein Titeldatensatz für diese Publikation ist bei
Der Deutschen Bibliothek erhältlich

1. Auflage Juli 2002

Lektorat: Susanne Kramer / Jens Kreibaum

Der Gabler Verlag ist ein Unternehmen der Fachverlagsgruppe BertelsmannSpringer.
www.gabler.de

Umschlaggestaltung: Nina Faber de.sign, Wiesbaden
Druck und buchbinderische Verarbeitung: Wilhelm & Adam, Heusenstamm
Gedruckt auf säurefreiem und chlorfrei gebleichtem Papier
Printed in Germany

ISBN 3-409-12071-8

Vorwort

„Delegation mit allmählich wachsendem Kompetenz- und Verantwortungsumfang ist eine ausgezeichnete Schule für den Nachwuchs, der so allmählich in immer anspruchsvollere Aufgaben hineinwachsen kann. Delegation ist aber auch ein Prüfstein für Führungskräfte: Sie sind es erst dann, wenn ihre Organisation(seinheit) auch in ihrer Abwesenheit wie geschmiert läuft, weil alle Mitarbeiter ihre Aufgaben selbständig erledigen.

Manfred R. A. Rüdenauer

Warum noch ein Buch zum Thema „Delegation“? Diese Frage ist sicher legitim und bedarf einer klaren Antwort.

Viele Ansätze, die sich in der Literatur und in Veröffentlichungen mit der Delegation beschäftigen, nähern sich dem Thema mit gewisser Ausschließlichkeit unter dem Aspekt der Entlastung und der Delegation von Routinetätigkeiten. Das Ziel dieses Buches geht über diese Aspekte hinaus. Wir möchten dem Leser die Managementtechnik der ergebnisorientierten Delegation vermitteln und durch die Kombination mit dem klassischen Instrument „Führen durch Zielvereinbarungen“ sowohl die Entlastung der Führungskraft als auch die Motivation und Eigenverantwortung der Mitarbeiter erreichen. Gezieltes Fordern und Fördern der Mitarbeiter durch die Delegation von Aufgaben und anspruchsvollen Zielen sind der Schlüssel zum eigenen Erfolg und dem der verantwortlichen Mitarbeiter.

Die richtige Delegation von Tätigkeiten und Verantwortung ist für jede Führungskraft – gleich welcher Ebene – eine der wichtigsten Managementaufgaben. (Fast) jede Führungskraft ist sowohl Delegierender als auch Delegationsempfänger. Daher ist es unerlässlich, sich die Prinzipien und Methoden der richtigen und erfolgreichen Delegation anzueignen. Delegation ist keine geheimnisvolle Kunst, sondern eine Managementtechnik, die durch Methodenkompetenz schnell und effektiv in die Praxis umzusetzen ist.

Straffes und motivierendes Führen durch Zielvereinbarungen ist als zentrales Instrument im Delegationsprozess der Garant für die erfolgreiche Erledigung der wichtigen und anspruchsvollen Aufgaben. Nicht das „Shit-runs-down-the-mountain-Syndrom", wo unliebsame Aufgaben der Führungskraft an Mitarbeiter „wegdelegiert" werden, ist Ziel des Prozesses, sondern das in vereinbarten Grenzen eigenverantwortliche Handeln der Mitarbeiter.

In vielen Büchern zum Thema „Delegation" finden Sie eine Vielzahl von mehr oder weniger sinnvollen Checklisten. Einige wenige werden Sie auch in diesem Buch finden – allerdings wirklich nur wenige. Denn wir möchten das Thema weniger schematisch angehen und Delegation als wichtigen Bestandteil der Führungsphilosophie einer Führungskraft darstellen und dabei neben dem *wie* Aufgaben delegiert werden intensiv auf das *warum* eingehen.

Wir danken allen Mitarbeitern der Diskurs KG, unseren Partnern Helga Herchenhan, Marcus Mey , Wolfgang Precht und Inge Strackbein und Friedhelm Köther für die tatkräftige inhaltliche Unterstützung und die konstruktive, hilfreiche Kritik. Weiterhin danken wir den Teilnehmern unserer Seminare, die uns durch ihre Erfahrungen und Anregungen für dieses Thema sensibilisiert haben. Unser besonderer Dank gilt unserer Lektorin Frau Susanne Kramer, die uns auf unserem Weg von der Idee bis zur Realisation fachlich kompetent begleitet hat. Danken möchten wir ebenso Dirk Meissner, dessen treffende, amüsante und 'augenzwinkernde' Cartoons Teile unseres Buches begleiten und sinnvoll unterstreichen. Vielen Dank!

Rita Strackbein
Dirk Strackbein

Inhalt

1. Führungsgrundsätze

Nur wenige Führungskräfte sehen ein,
dass sie letztlich nur eine einzige Person
führen können und auch müssen.
Diese Person sind sie selbst!

Peter F. Drucker

1.1 Führung im Wandel der Zeit

Nichts ist so beständig wie der Wandel. Im Falle des anzustrebenden Führungsverhaltens einer Führungskraft ist dieser stetige Wandel – die auf das sich ändernde interne und externe Umfeld bezogene Veränderung – ein positiver Prozess. Wichtig ist nur, sich diesen Wandels bewusst zu sein und den eigenen Standpunkt regelmäßig zu reflektieren.

Ziel dieser Reflexion ist, eine erfolgreiche Führungskraft zu sein und immer und überall situativ und richtig zu entscheiden. Aber, was ist eine erfolgreiche Führungskraft? Was kann sie, was andere nicht oder nicht so gut können? Überhaupt – wer bestimmt, was erfolgreich und gut ist? Immer nur Sie selbst durch eigenes Erleben und das Feedback Ihres Umfeldes. Natürlich werden auch Sie ständig in Bezug auf Ihre Führungsqualitäten beurteilt. Hier treffen Sie auf die gleiche Problematik. Wer legt hier die Messlatte, und anhand welcher Kriterien werden Sie beurteilt?

Die Beurteilung einer Führungskraft und ihrer Fähigkeiten „top-down" erscheint primär einfacher. Sehr schnell wird sie am derzeitigen Erfolg ihrer Abteilung oder ihres Bereiches gemessen und das oftmals ohne ins Kalkül zu ziehen, welchen immensen Einfluss externe Rahmenbedingungen, wie z. B. der Markt, der Wettbewerb oder die Politik haben können. Im Falle einer positiven Resonanz wird sich der Beurteilte nicht darüber beschweren, dass die seinen Erfolg wenigstens zu einem großen Teil bestimmenden Umfeldbedingungen nicht berücksichtigt wurden. Was aber geschieht, wenn der Erfolg ausbleibt und Ziele nicht erreicht werden? Das Feedback der Führungskraft ist eher negativ, Kritik wird geäußert. Das Verhalten der beurteilten Führungskraft rutscht ab in Rechtfertigungsszenarien. Und jetzt wird das geänderte Umfeld genannt und teilweise für den mangelnden Erfolg verantwortlich gemacht. Doch diese Rechtfertigung möchte niemand hören, denn nur der Erfolg zählt. Kommt Ihnen das bekannt vor? Stimmt das? Leider ja.

Das Feedback für eine Führungskraft „bottom up" erscheint häufig differenzierter. Hier stehen menschliche und psychologische Aspekte im Vordergrund. Die Mechanismen sind dennoch die gleichen. Im Erfolg durch positive Rahmenbedingungen ist die Führungskraft vom Typ „Everybody's Darling" die gute und ideale. Kooperativer Führungsstil funktioniert fast uneingeschränkt, weil der Erfolg des Bereiches eben durch das Umfeld und nicht durch die Qualität der Führung bestimmt ist. Wendet sich das Blatt, bleibt der Erfolg aus, liegt es natürlich auch am Führungsstil. Selbst die Mitarbeiter werden sagen, dass der „Vorgesetzte" seinen Bereich nicht im Griff hat und nicht klar und unmissverständlich führen kann.

Dieser kleine Exkurs soll aufzeigen, wie sehr situativ geführt werden muss und dass es den idealen Führungsstil noch nie gegeben hat und auch niemals geben wird. Das situative Führen, die Entscheidung im Hier und Jetzt für einen bestimmten Stil als Methode, ist der Schlüssel zum Erfolg. Ideale Führung passt sich den Mitarbeitern, der internen Situation und dem äußeren Umfeld immer wieder aufs Neue an. Führung ist damit ein sukzessiver Prozess und dem ständigen Wandel zwangsläufig unterworfen.

Natürlich hat sich auch philosophisch einiges geändert. Der Weg von den 3 „K" der Führung, dem Kommandieren, Kontrollieren und Korrigieren zu den 3 „F", dem Fordern, Fördern und Feedback ist in vielen Firmen noch nicht zu Ende gegangen worden. Gerade in vielen mittelständischen und inhabergeführten Unternehmen sind die 3 „K" leider immer noch oft zu spüren und zu erleben. Dies kann selbstverständlich in bestimmten Situationen, z. B. in Krisen, adäquat und richtig sein, aber es darf nicht mehr der persönlich angestrebte Stil der Führungskraft sein, sondern lediglich situativ eingesetzte Methode, um ein Problem zu lösen oder eine Krisensituation zu meistern.

Kommen wir zu den Anfängen der Führung von Menschen und damit auch zu den Ursprüngen der 3 „K". Noch weit vor der Industrialisierung haben sich Menschen darüber Gedanken gemacht, wie und mit welchen Mitteln eine große Anzahl von Individuen zu führen sei. Diese ersten „Führer" waren z. B. Befehlshaber von Truppen und

Soldaten. Der grundsätzliche Führungsstil war klar. Es wurde kommandiert und Widerspruch nicht zugelassen. Der Grund für diese sehr straffe, unmissverständliche und rigorose Führung, die übrigens auch heute noch im Militärischen praktiziert wird, liegt auf der Hand: In Krisenzeiten, und auf diese werden Soldaten nun mal vorbereitet, ist keine Zeit für Diskussion und Zielvereinbarungsgespräche. Alles muss schnell und geordnet umgesetzt werden – gefragt wird später.

Eigentlich gar nicht so schlecht, könnte man sagen. Das muss doch auch in der Wirtschaft funktionieren. Diesen Gedanken haben sich Firmeninhaber und Personalchefs größerer Unternehmen bis hinein in die 70er Jahre zu eigen gemacht. Für Führungspositionen wurden gerne ehemalige Offiziere genommen, ja geradezu gesucht, weil sie über Führungserfahrung verfügten. Wehrdienstverweigerer oder Pazifisten hatten kaum eine Chance. Diese Entwicklung führte dazu, dass Unternehmen, Bereiche und Abteilungen militärisch straff geführt wurden. Machtmenschen waren gefragt, die Mitarbeiter hatten zu funktionieren und grundsätzlich ihre Bedürfnisse den Zielen des Unternehmers / der Geschäftsführung unterzuordnen. Auch die Organisationsstrukturen waren diesem Führungsstil angepasst. Leitungsspannen waren groß, Abteilungen und Bereiche sehr klar abgegrenzt, jeder Mitarbeiter hatte sein eindeutig definiertes Aufgabengebiet und bereichsübergreifende Kooperation wurde nicht gewünscht. Das Wirtschaftswunder und wirtschaftlicher Aufschwung sorgten dafür, dass diese Organisationen expandierten und sich Umsätze und Profite positiv entwickelten. Worüber man sich jedoch keine oder nur wenige Gedanken gemacht hat, war die langfristige Motivation der Mitarbeiter – in diesem Fall wirklich Untergebene. Die Mitarbeiter waren nur gering in Entscheidungsprozesse eingebunden und erwarteten im Prinzip auch nichts anderes. Schlagworte wie Loyalität, Motivation, Arbeitsplatzzufriedenheit und Selbstverwirklichung wurden lediglich von kritisch beäugten „Motivationstheoretikern“ benutzt.

Trotz dieser verkrusteten Strukturen entwickelte sich in vielen Unternehmen ein neuer Geist. Führungspositionen wurden zunehmend von jungen Mitarbeitern besetzt, die Kraft ihrer Geburt autoritäre und

„militärische" Führung nur vom Hörensagen kannten oder diesen Führungsstil aufgrund eigener Erfahrung strikt ablehnten. Wie so oft in der Geschichte wendete sich das Blatt von einem Extrem in das andere. Aus dem Kommandieren wurde ein ausführliches Diskutieren, aus dem Kontrollieren ein unkontrolliertes Laufenlassen und korrigiert wurde dann gar nicht mehr, denn es war eh zu spät. Schnell war klar, dass dies nicht der Weisheit letzter Schluss sein konnte.

Zunehmend befasste man sich in Unternehmen und Personalabteilungen mit den Theorien der Menschenführung und lernte sehr schnell, dass es *den* richtigen Führungsstil nicht gibt, sondern dass die richtige *Methode* der Führung immer situativ bezogen auf die Umstände und die Person eingesetzt werden muss.

1.2 Von der autoritären Führung zur kooperativen und zielorientierten Führung

Halten wir uns vor Augen, welche Kriterien und Schlagwörter mit autoritärer Führung in Verbindung gebracht werden und wie sie von uns ganz persönlich bewertet werden. Diese Aufstellung, die keinen Anspruch auf Vollständigkeit erhebt, entstammt Brainstormings im Rahmen von Seminaren, die wir mit Führungskräften durchgeführt haben.

Das Führungsverhalten der Vergangenheit:

- ist autoritär-diktatorisch
- duldet keine Diskussion
- vermeidet die Mitsprache
- ist ein Gefolgschaftsmodell
- erwartet Hörigkeit
- braucht einfache Strukturen
- basiert auf persönlichen Beziehungen und Seilschaften
- entspringt der Eitelkeit des „Vorgesetzten"

– unterliegt der Willkür
– erzwingt Einsicht durch Lautstärke
– lebt vom Vormachen und Besserwissen
– braucht wenig Erklärungen
– funktioniert ohne Begründungen
– benötigt die Fehleranalyse zur Bestrafung
– sucht bei Misserfolgen immer den Schuldigen
– gibt Wissen nicht weiter
– ist unflexibel
– forciert das Scheuklappendenken

Reflektiert man nun, was wir mit Führung erreichen wollen, nämlich das optimale Ausschöpfen des Kreativpotenzials jedes Einzelnen und das strukturierte und planvolle Arbeiten an gemeinsam abgestimmten Zielen bei möglichst großer Selbstständigkeit, so wird deutlich, dass alle genannten Kriterien absolut kontraproduktiv sein werden. Wenn Sie jetzt möglicherweise sagen, einige der genannten Punkte haben durchaus Relevanz oder können in bestimmten Situationen sinnvoll eingesetzt werden, so ist das richtig. Fatal ist die Kombination und das konsequente Führen anhand dieser Verhaltensweisen. Denn, wie will jemand Menschen motivieren und Mitarbeiter und Kollegen an sich und das Unternehmen binden, wenn er nach dieser Maxime des uneingeschränkten Herrschens und Regierens führt und lebt?

An dieser Stelle sei auf ein immer noch häufig anzutreffendes Missverständnis hinzuweisen. Viele Führungskräfte glauben – teilweise auch intuitiv und unbewusst – es gelänge ihnen, mangelnde Autorität wegen fehlender fachlicher und sozialer Kompetenz durch autoritäres Verhalten zu kompensieren. Was geschieht, ist klar. Das autoritäre Verhalten, das sich oft in Drohungen und Sanktionen ausdrückt, erzeugt Unsicherheit und Angst. Angstbesetzte Menschen – und damit auch die Mitarbeiter – reagieren flucht- oder angriffsgesteuert und versuchen, sich der Gefahrenzone zu entziehen. Übertragen wir dieses Fluchtverhalten auf unser Geschäftsleben, so ist der Wunsch nach Veränderung oder die Kündigung, vielleicht auch nur die innere, das unausweichliche Resultat. Die Schmerz- und Toleranzgrenze, bis zu der ein Mitarbeiter überzogen autoritäres Verhalten erträgt, ist selbstverständlich eine Funktion der individuellen Arbeitsplatzsicherheit. Je sicherer sich der Arbeitnehmer sein kann, einen seiner Qualifikation entsprechenden anderen Arbeitsplatz zu finden, desto tiefer liegt seine Toleranzschwelle, bestimmte Situationen zu ertragen. Und diese Toleranzschwelle bestimmt sein ganz persönliches Fluchtverhalten.

In diesem Zusammenhang kann man dann trefflich über die Frage diskutieren, ob autoritäre Führung in Zeiten wirtschaftlicher Rezession ein angemessener Führungsstil ist, weil er gerade dann notwendig ist, oder ob er nur dann funktioniert, weil die Schmerzgrenze der Mitarbeiter wegen potenziellen Arbeitsplatzverlustes einfach nur besonders hoch liegt. Die planvolle oder instinktive Flucht wird erst dann ausgelöst, wenn das potenzielle Opfer diese Flucht als wirkliche Alternative zu dem sich der Gefahr, dem Aggressor stellen, erkennt.

Spinnen wir diesen Gedanken an einem exemplarischen Beispiel weiter, um uns die Tragweite und die negativen Auswirkungen von konsequenter autoritärer Führung auf eine Organisation vor Augen zu führen. Eine Herde Zebras, die von einer jagenden Löwin verfolgt und damit unter extremen Stress gesetzt wird, ist nicht mehr in der Lage rational zu entscheiden und die Macht der Gruppe, des Teams zu nutzen. Kommunikation findet nicht mehr statt und jedes Individuum entscheidet für sich allein. Panik bricht aus, heillose Flucht und Chaos sind die Folge und die Löwin erwischt mit großer Wahrscheinlichkeit das schwächste Tier. Nicht anders ist es im übertragenen Sinne in Organisationsstrukturen von Unternehmen. Autoritäre Führung führt längerfristig ebenso zum Chaos und Einzelkämpfertum und verhindert durch immer stärker werdende Urängste die Ausschöpfung von kreativen Potenzialen. Teamgeist und Synergien planvoller Zusammenarbeit sind nicht mehr zu realisieren, da sich selbst jeder nur noch der Nächste ist.

Trotz all dieser Einwände und Beispiele müssen wir zugestehen, dass es bestimmte Situationen gibt, in denen Sie – auch wenn Sie selbst den kooperativen, situativen Führungsstil bevorzugen – einfach autoritär und kompromisslos handeln müssen:

- In Krisen und Notfällen, wo wirklich keine Zeit für aufwendige Abstimmungsprozesse bleibt (Krise ist niemals ein Dauerzustand!)
- Im Falle von Entscheidungen, die z. B. in Krisenzeiten einige Mitarbeiter menschlich und sozial hart treffen.
- Bei führungs- und delegationsresistenten Mitarbeitern.
- Im Falle von unsozialem und destruktivem Verhalten einzelner Mitarbeiter.
- Bei jeder Form des Mobbings oder der bewussten Ausgrenzung von Kollegen.

Wenn es überhaupt so etwas wie eine „goldene Regel" gibt, wieviel oder wie wenig autoritäre Führung im täglichen Führungsalltag notwendig und angemessen ist, so zeigt die Praxis, dass zu 80 % kooperativ und zu 20 % autoritär geführt werden sollte. Und – ganz am Rande – steht es jeder Führungskraft gut zu Gesicht, in der richtigen Situation *angemessen* autoritär zu entscheiden und zu handeln. Angemessen autoritär bedeutet, mit Klarheit und Entschiedenheit eine nachvollziehbare Entscheidung zu treffen, die trotz aller notwendigen Härte insbesondere von den nicht direkt betroffenen Mitarbeitern und Kollegen akzeptiert werden kann. Unpopuläre Maßnahmen, die für das Unternehmen, das Team oder einzelne Mitarbeiter wichtig sind, können oftmals nur durch autoritäre Führung, ohne Wenn und Aber, umgesetzt werden. Dennoch müssen sie nachvollziehbar sein und dürfen nicht willkürlich erscheinen. Dieses dann situative Führen unterstreicht die soziale Kompetenz der Führungspersönlichkeit. Es macht deutlich, dass auch bei schwierigen, möglicherweise unliebsamen Entscheidungen mit Klarheit zu rechnen ist.

Wir erleben in unseren Seminaren immer wieder, dass das Selbstbild und Fremdbild bezogen auf den Führungsstil einer Führungskraft diametral auseinander klaffen. Man selbst sieht sich in der Rolle des kooperativ Führenden, wird aber von seinem Umfeld und insbesondere von den Mitarbeitern als autoritärer „Vorgesetzter" erlebt. Oder vice versa, eine Führungskraft hängt aus alter Tradition dem autoritären Chefsein nach, wird aber als wenig stringent und klar führend empfunden und hinter seinem Rücken tun die Mitarbeiter was sie wollen.

Woran liegt das? Eigener Führungsstil hat nicht nur damit zu tun, sich – weil es gerade modern ist – für den kooperativen Stil zu entscheiden, sondern eine grundlegende Reflexion der eigenen Persönlichkeit und des Arbeitsumfeldes muss dieser Entscheidung voraus gehen. Im Folgenden muss ein Veränderungsprozess ausgelöst werden, der auf Basis der notwendigen *Methoden* dieses Führungsstiles und der inneren Einstellung vollzogen wird. Das heißt, es reicht nicht, einfach mehr und öfter mit den Mitarbeitern zu sprechen und häufiger Betriebsfeste und große Abteilungsmeetings zu veranstalten, sondern Methodenkompetenz und das Wissen um den Einsatz der richtigen Mittel machen aus der Führungsidee die Führungskultur. Das bedeutet ebenso, den Terminus der Führungs*philosophie* zu hinterfragen und sich deutlich zu machen, dass die innere Einstellung und das Lippenbekenntnis nicht alleine ausreichen, wirklich mit dieser Kultur zu führen. Und wer fälschlicherweise davon ausgeht, laissez faire sei die oberste Maxime der kooperativen Führung und man müsse die Mitarbeiter „an der langen Leine führen", der wird Schiffbruch erleiden und seine Abteilung, seinen Bereich aus seinem direkten Führungszugriff verlieren.

Insofern sind wir der Meinung, das Wort „Führungsstil" leitet eher fehl, deshalb werden Sie das Wort „Führungsstil" auf den noch vor Ihnen liegenden Seiten nicht mehr lesen. Denn es drückt nicht aus, worum es wirklich geht: Es geht nicht um eine Stilfrage, sondern es geht um die Umsetzung, den konsequenten Einsatz einer Methode und ihrer Instrumente, gepaart mit der entsprechenden inneren Einstellung. Die Authentizität und die Dokumentation dieser nach außen unterstreichen hierbei noch einmal zusätzlich die Glaubwürdigkeit einer Führungskraft.

Was kennzeichnet nun die kooperative Führung? Welche Instrumente muss eine Führungspersönlichkeit einsetzen, um kooperativ und dennoch stringent zu führen und dabei auch noch langfristig erfolgreich zu sein. Auch hier greifen wir auf Nennungen aus Seminaren und Workshops mit Führungskräften unterschiedlicher Branchen zurück, denn nichts ist realistischer als eben die Realität.

Kooperative Führung bedeutet aus Sicht von Führungskräften verschiedener Ebenen:

- klare Strukturen und Hierarchien
- definierte Aufgabengebiete
- eindeutige Rahmenbedingungen
- transparente Schnittstellen
- Teamarbeit
- „Teamspirit"
- Fairness und Gerechtigkeit
- Offenheit und Transparenz
- soziale und emotionale Kompetenz
- ehrliche Anerkennung und Lob
- Kritik- und Konfliktfähigkeit
- klare Ziele und Zielvereinbarungen
- regelmäßige Mitarbeitergespräche und Rücksprachen
- Begeisterungsfähigkeit

Folglich kann man sich nun fragen, was eine zeitgemäße Führungskraft auszeichnet, welche Fähigkeiten sie verkörpern muss und welche Charaktereigenschaften sie besitzt. Abgeleitet aus den genannten Kriterien erhält man ein Bild, das fast visionär oder gar utopisch erscheint. Ja, es ist geradezu ein Fabelwesen, eine „eierlegende Wollmilchsau", etwas, was nicht realistisch sein kann. Oder darf? Fassen wir zusammen:

Die Führungskraft, die sich jede Organisation, jeder Mitarbeiter und jeder Kollege wünscht:

– ist ein Vorbild
– führt mit hoher Sach- und Fachkompetenz
– ist klar und berechenbar in allen Entscheidungen
– verhält sich immer konsequent und gerecht
– ist wahrhaftig und visionär
– ist modern, offen und kreativ
– führt, leitet und fördert
– räumt Freiheiten ein
– ist begeisterungsfähig und innovativ
– ist menschlich und selbstreflektiert
– zeigt Perspektiven auf
– denkt selbstlos und besitzt keinen Standesdünkel
– delegiert Aufgaben *und* Verantwortung
– hält Vorgaben und Versprechen
– ist mehr Moderator als Chef
– besitzt die Kraft des positiven Denkens
– fördert durch Fort- und Weiterbildung
– ist einfach ein netter Mensch

Halten Sie das für realistisch? Ist das durchsetzbar? Kann so ein Mensch auch in schwierigen, schlechten Zeiten seine Mitarbeiter führen, motivieren und kann er so seinen Verantwortungsbereich zum Erfolg führen? Sehen Sie in diesen Eigenschaften Widersprüche, Ausschlusskriterien, die es einer Führungskraft scheinbar unmöglich machen erfolgreich zu sein? Zugegeben, es gibt sie nicht, die „perfekte Führungskraft". Jeder Mensch ist mit Fehlern behaftet, auch die Führungskraft. Vorbild zu sein, heißt auch, Vorbild zu sein im Umgang mit eigenen Fehlern und Unzulänglichkeiten. Wer viel arbeitet, macht auch viele Fehler. Es gibt Menschen, die machen keine Fehler... und das sind im Übrigen oft die Führungskräfte.

Sicherlich schwingt in dieser Auflistung auch eine Menge Wunschdenken mit, aber ganz realistisch betrachtet funktioniert die Methode der kooperativen und zielorientierten Führung. Voraussetzung ist jedoch, dass alle notwendigen Instrumente und Werkzeuge konsequent eingesetzt werden. Die wichtigsten Instrumente sind:

- angemessene, nachvollziehbare und einschätzbare Kommunikation
- klare Ziele und eindeutige Zielvereinbarungen
- qualifikationsbezogene, anspruchsvolle Delegation von Aufgaben, Kompetenzen und Verantwortung

Die kooperative Führung, die vom Grundverständnis auf das Miteinander, das gemeinsame Erreichen von Zielen setzt, ist nicht nur zu verstehen als Antwort auf die negativen Auswirkungen der lange und teilweise heute immer noch praktizierten autoritären Führung. Sie ist vielmehr eine logische Entwicklung, die in ihren Grundansätzen auch den Zeitgeist unserer heutigen Gesellschaft widerspiegelt, denn, auch an Führungskräften und Mitarbeitern gehen 50 Jahre Demokratie nicht spurlos vorüber. Weltoffenheit, d. h. Offenheit für andere Kulturen, Ansichten und Meinungen werden auch in unseren Unternehmen gelebt und führen dort zum Erfolg. Unternehmenskultur und Führungskultur sind definitiv nicht voneinander zu trennen. Deshalb ist es notwendig, in einer Organisation, einem Unternehmen durchgängig die Kultur der kooperativen Führung zu leben. Eine Führungskraft, die losgelöst von ihrem Umfeld nach den Grundsätzen der kooperativen Führung führt, wird nur dann erfolgreich sein, wenn diese Form der Führung auch der Führungskultur der Organisation entspricht.

Somit ist jede Führungskraft selbst dafür verantwortlich, die Führungskultur in seinem Unternehmen positiv zu beeinflussen und den Wandel von der autoritären zur kooperativen Führung durch sein eigenes Verhalten und seine Vorbildfunktion voranzutreiben. Der Erfolg wird dieser Persönlichkeit recht geben.

1.3 Sensibilisierung für soziale und emotionale Kompetenz

Erfolgreiche Führung von Mitarbeitern ist aber nicht nur davon abhängig, in welcher Art und Weise bestimmte Instrumente eingesetzt werden, sondern sie geht in hohem Maße auch damit einher, wie die Führungskraft mit *ihren* Mitarbeitern *umgeht*. Dieser Umgang, das kommunikative und interaktive Miteinander, ist die Basis für die Offenheit, die für kooperative Führung notwendig ist. Es ist ja so einfach! Jeder Mensch wünscht sich offenes und einschätzbares Verhalten. Jeder Mensch (fast jeder auf jeden Fall) behauptet von sich, er sei offen im Handeln und Denken. Überprüfen Sie sich selbst!

Offenheit und Klarheit sind dann einfach, wenn wir uns in einem angenehmen und konfliktfreien Umfeld bewegen. Dann sind wir in der Lage, unseren Mitmenschen eben mit dieser Offenheit entgegenzutreten. Auf die Führung von Mitarbeitern bezogen ist es ähnlich. In „guten" Zeiten sind wir positiv gestimmt und die Kommunikation von Lob und Tadel fällt leicht. Wie aber sieht es aus, wenn die Zeiten schlechter werden und die Dinge sich nicht so entwickeln, wie es unseren Wünschen, unseren Vorstellungen entspricht? Wir neigen dann oft dazu, uns zu verschließen und uns im wahrsten Sinne des Wortes nicht mehr mitzuteilen oder nur noch das absolut Notwendigste zu kommunizieren.

Sie als Führungskraft haben es aber in Ihrer täglichen Praxis nicht nur mit positiv gestimmten Menschen in einem positiven Umfeld zu tun, sondern häufiger als Ihnen wahrscheinlich lieb ist, sind Sie als Krisenmanager und Konfliktlöser gefragt. In diesen Fällen bedeutet Offenheit und Transparenz Konfliktfähigkeit, nämlich den offenen Umgang mit Konflikten und Kritik. Und das nicht nur nach außen, sondern auch nach innen, mit sich selbst. Diese Kompetenz, die neben der fachlichen Kompetenz für das erfolgreiche Führen von Mitarbeitern notwendig ist, ist die menschliche Kompetenz. Sie ist dafür verantwortlich, wie Ihre Mitarbeiter sie erleben und inwieweit Ihr Verhalten einschätzbar ist. Wir gehen an dieser Stelle allerdings noch einen Schritt weiter und definieren diese *menschliche* Ausprägung der Kompetenz in die soziale und emotionale Kompetenz.

Soziale Kompetenz – überflüssiges Menscheln oder Erfolgsfaktor?

Die soziale Kompetenz beeinflusst den Umgang miteinander, die Ehrlichkeit, mit der man auf andere zugeht und die Offenheit, die man wiederum von anderen zulässt. Ein simples Beispiel macht deutlich, wovon wir hier sprechen: Ein Manager, der sich selbst als sozial kompetent bezeichnet, fragt seine Mitarbeiter regelmäßig wie es ihnen geht. Da er viele Mitarbeiter hat und er alle Mitarbeiter gleich behandeln möchte, stellt er diese Frage sehr häufig. Außerdem ist unser Manager natürlich vielbeschäftigt. Deshalb „wirft" er diese Frage oft im Vorrübergehen seinen Mitarbeitern zu und hat eigentlich gar keine Zeit, sich mit der Antwort auf diese tatsächlich ernst gemeinte Frage zu beschäftigen. Die Folge ist, intuitiv ausgelöst bei seinen Mitarbeitern, ein knappes „es geht gut", also eine positive Rückmeldung. De facto erhält somit unsere Führungskraft, ausgelöst durch ihr eigenes Verhalten, wahrscheinlich sehr viele falsch positive Antworten. Er ist der Ansicht, er weiß, wie es seinen Mitarbeitern geht und hält sich selbst für offen und kommunikativ. Diese Führungskraft wirft es geradezu aus der Bahn, wenn ein Mitarbeiter nicht positiv antwortet, sondern offen und ehrlich sein Befinden mit z. B. „nicht so gut" zum Ausdruck bringt, denn eigentlich möchte er diese Antwort gar nicht hören! Übrigens, regelrecht schockiert reagiert unsere exemplarische Führungskraft, wenn ein Mitarbeiter in einem Mitarbeitergespräch unter vier Augen eröffnet, dass er ernsthafte Probleme hat. Unsere sozial hochkompetente Führungspersönlichkeit fühlt sich dann betrogen. Nicht die Fragestellung zur falschen Zeit am falschen Ort ist Grund für dieses Kommunikationsproblem und die daraus falsche Einschätzung des Befindens des Mitarbeiters. Nein! Aus Sicht der Führungskraft war der Mitarbeiter nicht offen und ehrlich.

Soziale Kompetenz ist aus unserer Sicht keine eindimensionale Ausprägung der eigenen Persönlichkeit, sondern basiert auf zwei Dimensionen, nämlich dem Umgang mit sich selbst, den eigenen Fähigkeiten und Eigenschaften und zum anderen dem Umgang mit anderen und der Einstellung, mit der wir anderen Menschen entgegentreten. Es kennzeichnet Führungskräfte mit hoher sozialer Kompetenz, dass sie in der Lage sind, den eigenen Standpunkt zu reflektieren und unter

Berücksichtigung der Bedürfnisse und Meinungen der Mitarbeiter Entscheidungen zu treffen. Um hier gleich ein Missverständnis auszuräumen: Es geht nicht darum, jede Entscheidung demokratisch zu untermauern, sondern Ziel einer Entscheidung muss sein, im Sinne des Unternehmens und des eigenen Verantwortungsbereiches transparent zu handeln und Mitarbeiter – sofern es sie betrifft – in den Entscheidungsprozess zu involvieren. Nicht der Manager ist ein guter Manager, der unliebsamen und unpopulären Entscheidungen aus dem Wege geht, sondern der, dem es gelingt, eben diese Entscheidungen nachvollziehbar zu begründen. So ist zum Beispiel die Entlassung von Mitarbeitern, Kurzarbeit oder die Schließung eines Standortes eine Maßnahme mit weitreichenden sozialen Folgen für die davon betroffenen Mitarbeiter. Sofern diese Entscheidung jedoch hilft, die Zukunft des Unternehmens und die damit verbundenen Arbeitsplätze zu sichern, ist sie gut und richtig. Soziale Kompetenz bedeutet folglich, gerade in schwierigen Zeiten oder Krisen Maßnahmen auch mit der eigenen Betroffenheit zu untermauern und eigene Bedürfnisse im Kontext dieser Entscheidung in Frage zu stellen.

Folgende Eigenschaften sollte eine sozial kompetente Führungspersönlichkeit in Bezug auf den Umgang mit sich selbst besitzen:

- Sensibilität für die eigenen Bedürfnisse
- Fähigkeit zum Bedürfnisaufschub bzw. zur Bedürfniskorrektur
- Aufrichtigkeit, Ehrlichkeit
- Kritikfähigkeit
- Konfliktfähigkeit
- Frustrationstoleranz
- Fähigkeit zur Selbststeuerung
- Rollendistanz
- Entwicklung einer eigenen Moral auf Basis gesellschaftlicher Werte
- ein sichtbar gelebtes Wertesystem
- Erkenntnis, dass Produktivität durch Menschen erzeugt wird
- inneres Gleichgewicht

Bezogen auf den Umgang mit Mitarbeitern und Kollegen sind folgende Dinge wichtig:

- Kooperationsfähigkeit
- Kommunikationsfähigkeit
- Integrationsfähigkeit
- Kompromissfähigkeit
- Achtung vor anderen zu haben
- Verständnisbereitschaft
- Vorurteilsfreiheit
- Vertrauensbereitschaft
- Bindungsfähigkeit
- Solidarität, Loyalität
- Offenheit, Transparenz
- Fairness
- Einfühlungsvermögen
- Orientierung am Menschen
- Entscheidungsfreude

Wir sind der Meinung, alle hier aufgeführten Eigenschaften und Merkmale werden von jeder Führungskraft als richtig und sinnvoll akzeptiert, aber werden sie auch tatsächlich ausreichend in Unternehmen gelebt und vor allen Dingen eingefordert? Es ist in vielen Organisationen immer noch der Fall, dass diese *weichen Skills* bei Mitarbeitern gewünscht sind, sofern aber nicht ausreichend vorhanden, nicht als klares Defizit definiert werden. In unseren Seminaren und Workshops erleben wir immer wieder, dass diese Eigenschaften durchaus kritisch auf ihre Notwendigkeit hinterfragt werden und einige Manager, die die Eigenschaft der sozialen Kompetenz durchaus besitzen, diese unter „Gleichrangigen" geradezu verleugnen und dort den autoritären Chef mit all seinen Attitüden spielen. Damit nicht genug. Neben der sozialen Kompetenz ist die emotionale Kompetenz ein entscheidender Faktor im Zusammenspiel zwischen Führungskraft und Mitarbeiter. Aber bitte, was sollen wir mit Emotionen am Arbeitsplatz?

Emotionale Kompetenz – notwendiges Übel?

Wir hoffen, Sie sehen das nicht so! Die emotionale Kompetenz ist die Fähigkeit, die eigenen Emotionen zu steuern und die des Umfeldes zu erkennen, zu respektieren aber auch zu beeinflussen. Da kein Mitarbeiter seine Emotionen zusammen mit seinem Mantel an die Garderobe hängt, sind Sie gezwungen, diese ernst zu nehmen und kompetent mit ihnen umzugehen. Gerade im Bereich der Mitarbeiterführung und der Delegation von Aufgaben ist das Wissen um die emotionale Befindlichkeit von Mitarbeitern von großer Bedeutung. Emotionale Kompetenz befähigt Sie:

- eigene Gefühle richtig einzuschätzen und positiv zu beeinflussen
- sich zu beherrschen, seine Gefühle zu kontrollieren und situationsgerecht und angemessen einzusetzen
- optimistisch zu denken, sich selbst zu motivieren
- Emotionen anderer zu erkennen, zu verstehen, sich darauf einzustel len
- Emotionen anderer positiv zu beeinflussen
- Sympathie und Anerkennung anderer zu gewinnen
- ein kooperatives Klima zu erzeugen, das Wir-Gefühl zu stärken

Nehmen Sie die Emotionen Ihrer Mitarbeiter ernst und trauen Sie sich, Ihre eigenen zu zeigen. Mit Emotionen ist es wie mit vielen anderen Dingen – sie verlieren ihren Schrecken, sie werden greifbar und sie werden kalkulierbar, wenn man sie anspricht und respektiert. Es geht nicht darum, sich ständig lobhudelnd in den Armen zu liegen oder gemeinsam zu weinen. Eine Führungskraft zeigt dann emotionale Kompetenz, wenn sie sich nicht scheut, Emotionen zu zeigen und die Mitarbeiter spüren, dass ihre Emotionen ernst genommen werden.

Es ist absolut legitim auch einmal wirklich ärgerlich zu sein, wenn man auf der anderen Seite in der Lage ist, sich offen zu freuen. Ein Mitarbeiter darf Angst zeigen, er darf wütend sein, er darf sich auch mal „Luft machen“. Es darf nur niemals ein Dauerzustand sein, sondern der Umgang mit Emotionen verlangt Sensibilität und Fingerspitzengefühl. Jeder Führungskraft muss klar sein, dass sie mit jeder Entscheidung, mit jeder Reaktion Emotionen auslöst. Infolgedessen federt man Frustrationen ab, indem man sich vorher darüber Gedanken macht, wie eine solche Maßnahme auf Mitarbeiter wirkt. Gerade im Hinblick auf die Übertragung von Aufgaben müssen emotionale Reaktionen antizipiert werden und nach Möglichkeit bereits in den Kommunikationsprozess integriert werden – dadurch werden Widerstände abgebaut und Gegenargumentationen verhindert.

1.4 Grundsätze der Motivation

Im betrieblichen Leben hat sich durch die allgemeine Wissensexplosion, durch innovative Technik und die Automation vieles gewandelt. Sehr einfache Tätigkeiten werden vielfach nicht mehr von Menschen ausgeführt, sondern bestenfalls nur noch kontrolliert. Hier hat eine „intelligente" Technik die Menschen verdrängt. In anspruchsvolleren Bereichen beruflichen Handelns aber ist durch diese Entwicklung das erforderliche Wissen so vielfältig, dass es nur noch selten in einem Kopf abgebildet sein kann. Mehrere Spezialisten müssen kooperieren und ihre Tätigkeiten sind durch eine Führungskraft zu koordinieren. In früheren Zeiten hat der Meister oder der Abteilungsleiter durch detaillierte Anweisungen und ständige Kontrolle aller Einzelheiten der Arbeitsabläufe seine Mitarbeiter führen können. Dies ist heute nicht mehr möglich, weil durch zunehmende Spezialisierung, Komplexität der Abläufe und höhere Fluktuation auf der Leitungsebene das detaillierte Fachwissen nicht mehr vorhanden sein kann. Führungskräfte müssen sich also mehr und mehr darauf einstellen, Koordinator und Führer von Spezialisten zu sein und sich vom umfassenden Wissen zu verabschieden.

Dies bedeutet mit Blick auf den einzelnen Mitarbeiter: Der Antrieb für sein tägliches Tun kann nur noch zu einem Teil von der Führungskraft kommen. Fachlicher Input ist nur noch in geringem Maße möglich, Selbständigkeit und eigenverantwortliches Handeln der Mitarbeiter ist dringend notwendig. Ein Beispiel soll das verdeutlichen: Sie lassen von einem Mitarbeiter in einer aufwendigen Excel-Tabelle die Planung für das kommende Jahr erstellen. Ihre Vorgaben, wie diese Tabelle aussehen soll und welche Zahlen notwendig sind, haben Sie selbstverständlich detailliert mit ihm besprochen. Wie und mit welchen Verknüpfungen Ihr Mitarbeiter die gewünschte Tabelle nun erstellt, soll Sie nicht interessieren. Und ein guter, zuverlässiger Mitarbeiter wird Sie nicht fragen, wie er die Aufgabe *technisch* bewältigen kann, denn er weiß, dass er hier keine Antwort erwarten kann. Nicht der Weg ist für Sie wichtig, sondern nur das Ergebnis!

Für viele Führungskräfte war und ist diese Entwicklung nicht einfach, denn sie bedeutet, loszulassen und zunehmend in Detailfragen immer weniger zu wissen, als die Mitarbeiter. Und gerade das ist etwas, was Führungskräfte durchaus verunsichern kann. Sie haben dann das Gefühl, nicht ausreichend informiert zu sein, was genau in ihrem Bereich passiert. Jeder möchte selbständige, eigenverantwortlich handelnde Mitarbeiter, möchte aber auch wissen, womit sie ihre Zeit exakt verbringen – und das ist ein Widerspruch in sich!

Motivation kommt in diesem Zusammenhang eine ganz besondere Bedeutung zu, da der Antrieb, etwas gut und richtig zu tun, vom Handelnden selbst kommen muss – ja, Mitarbeiter erleben es sogar als Zumutung, wenn Führungskräfte in ihr Fachgebiet „hineinreden". Die Motivation des Mitarbeiters kann somit also nur von außen angestoßen und in die gewünschte Richtung gelenkt werden. Um dies tun zu können, müssen Sie Ihre Mitarbeiter kennen. Sie müssen wissen, welche Basismotivation ihrem Handeln zu Grunde liegt.

Die Motivationstheorie geht davon aus, dass jeder Mensch grundsätzlich motiviert ist. Zwei Variablen bestimmen dabei, mit welcher Stärke und Ausdauer ein Mensch eine bestimmte Handlung vollzieht und wie letztendlich sein Leistungsverhalten ist. Für eine erfolgreiche Führung ist es wichtig, sich dieser beiden Variablen, der intrinsischen und der extrinsischen Motivation bewusst zu sein und sie gezielt im Sinne der Aufgabenstellung und der Funktion anzusprechen.

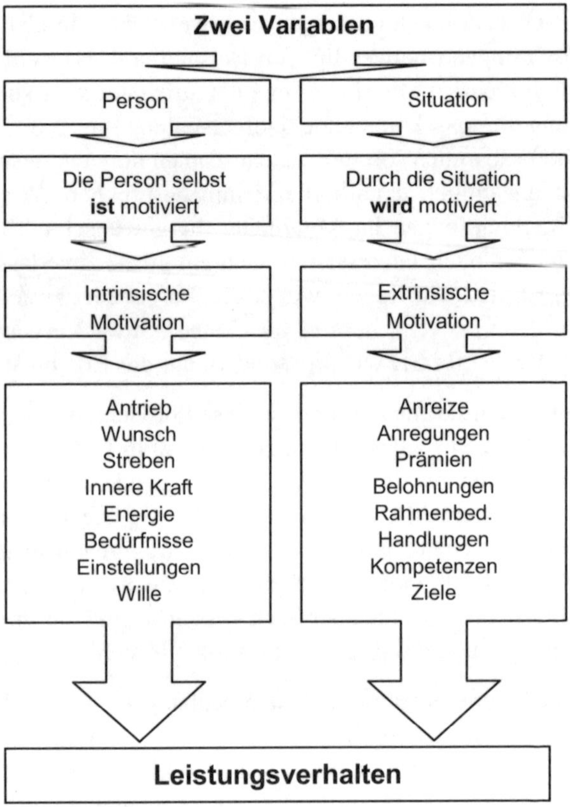

Abbildung 1: Wie beeinflusst Motivation das Leistungsverhalten?

Dies soll deutlich machen, dass die Motivation von Mitarbeitern – aber auch die eigene nur dann erfolgreich sein kann, wenn intrinsische und extrinsische Motivation in Einklang gebracht werden und die intrinsische Motivation des Mitarbeiters auch zu seinem Aufgabengebiet „passt". Ein guter Mitarbeiter ist nur dann ein guter Mitarbeiter, wenn er sich mit seinen Aufgaben identifizieren kann und er den Sinn seines beruflichen Handelns verinnerlicht hat. Im Rahmen der Motivationstheorie ist also eine entscheidende Schlüsselfrage: Ist das der richtige Mitarbeiter für die Aufgabe, entspricht seine eigene Motivation der Aufgabenstellung? Erst wenn diese Frage positiv beantwortet ist, kann man sich Gedanken über die Dimensionen der Leistung machen, denn welche Leistung ein Mitarbeiter tatsächlich erbringt, hängt von folgenden Dimensionen der Leistung ab:

Leistungsbereitschaft – das Wollen

Das Wollen, der Wille, eine Funktion nicht nur „zu bekleiden", sondern wirklich erfolgreich auszufüllen, wird natürlich von der eigenen Motivation getragen. Materielle und immaterielle Werte und Wünsche bestimmen den Grad der intrinsischen Motivation. Das eigene Werteschema in Bezug zu der Rolle, die man ausfüllen möchte, muss bewusst sein oder bewusst gemacht werden. Es ist niemals nur ein kurzes „motivatorisches Aufflammen", wie es durch „Chaka-Rufe" von zweifelhaften feuerlaufenden und eisenbiegenden Populärmotivatoren geweckt werden kann, sondern die intrinsische Motivation ist die tiefe Reflexion der eigenen Werte und Vorstellungen. Diese innere Einstellung verleiht die Kraft, die notwendig ist, auch in schwierigen Situationen den eigenen Werten treu zu bleiben und den eigenen Standpunkt immer wieder aufs Neue zu überprüfen. Love it, change it or leave it, heißt hier die Devise! Im Kontext der Mitarbeiterführung bedeutet das, sich als Führungskraft über die Einstellungen der Mitarbeiter im Klaren zu sein, diese regelmäßig zu überprüfen und die intrinsische Motivation durch Aufgabenstellungen, mit denen sich der Mitarbeiter identifizieren kann, zu stärken. Sonst läuft die gutgemeinte extrinsische Motivation durch Anreize und klare Ziele ins Leere.

Leistungsfähigkeit – das Können

Die Leistungsfähigkeit ist die fachliche Eignung und Kompetenz des Mitarbeiters. Oftmals ist das Wollen sehr ausgeprägt, die Leistungsfähigkeit jedoch durch Selbstüberschätzung oder falsche Einschätzung des Anforderungsprofils, nicht in ausreichendem Maße vorhanden. Kriterien wie Fertigkeiten, Wissen, Kenntnisse und Erfahrungen müssen hier überprüft werden. Entscheidend ist aber, dass die Einschätzung des Mitarbeiters durch die Führungskraft nicht nur retrospektiv oder auf den Status quo bezogen erfolgen darf, sondern hier müssen das Entwicklungspotenzial des Mitarbeiters und die Anforderungen des Arbeitsplatzes ebenso ins Kalkül gezogen werden. Wenn bei einem Mitarbeiter eine ausgeprägte intrinsische Motivation vorliegt, ist es sinnvoll, ihn gezielt durch Fortbildungsmaßnahmen, Tutoren oder Coachings auf anspruchsvollere Aufgaben vorzubereiten. Diese gezielte Förderung kann dann durchaus dazu beitragen, die ureigene Motivation des Mitarbeiters weiter zu steigern. Allerdings muss sich eine Führungskraft davor hüten, aus ihrer Sicht förderungswürdige Mitarbeiter „zwangszubeglücken". Immer wieder sitzen in unseren Seminaren Mitarbeiter und Führungskräfte, die von ihren „Chefs" zur Weiterbildung geschickt worden sind. Die Motivation dieser Menschen, aktiv mitzuarbeiten, kann man sich vorstellen. Nein, eine solche langfristig ausgelegte Maßnahme muss in enger Abstimmung mit dem Mitarbeiter erfolgen. Einerseits schützen Sie den Mitarbeiter so vor Überforderung und andererseits stärken Sie seine Loyalität, da er seine Förderung nur so als persönliche und fachliche Weiterentwicklung versteht. Die Leistungsfähigkeit wird also in hohem Maße durch extrinsische Motivation beeinflusst und die Führungskraft trägt somit zu einem großen Teil die Verantwortung für die Qualität der Leistung.

Leistungsmöglichkeit – das Dürfen

Hier sind Sie als Führungskraft besonders gefordert. Ein Mitarbeiter „funktioniert" nur dann und ist in der Lage eigenverantwortlich zu arbeiten, wenn die Rahmenbedingungen klar sind, in denen er sich bewegen kann. Die Spielregeln müssen klar definiert sein, er muss wissen, was er kann, darf und soll und wo seine Kompetenzen liegen. Nichts ist schlimmer, als ein Mitarbeiter, der entweder ständig nachfragen muss oder sich unsicher ist, wie er im Rahmen seiner Aufgabenstellung in die Organisation des Unternehmens eingebettet ist. Gerade im Hinblick auf das Projektmanagement, das abteilungs- und bereichsübergreifende Arbeiten in Teams, ist die Kompetenzabstimmung mit anderen Bereichen essentiell wichtig. Es ist klar, dass gerade im „Dürfen" die Parameter der extrinsischen Motivation besonders greifen. Hier sind gewisse, genau bedachte Anreize wie Belohnungen, Prämien und das einfache Lob gepaart mit klaren Rahmenbedingungen und vereinbarten Zielen der Schlüssel zur erfolgreichen Mitarbeiterführung. Aber Achtung! Vice versa ist die Führungskraft auch für den Misserfolg verantwortlich, wenn sie es versäumt hat, durch klare Absprachen den Handlungsrahmen zu definieren.

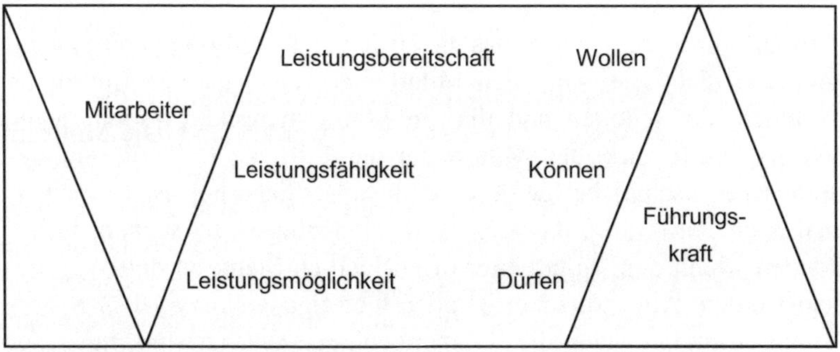

Abbildung 2: Wer ist für Leistung verantwortlich?

Abbildung 2 soll Ihnen verdeutlichen, wie die Verantwortung des Mitarbeiters vom Wollen über das Können bis zum Dürfen sukzessiv abnimmt und die Verantwortung der Führungskraft im gleichen Maße steigt. Infolgedessen muss sich im Falle von Leistungsdefiziten jede Führungskraft fragen (lassen), wer schlussendlich für diesen Misserfolg verantwortlich ist. Der Mitarbeiter oder sie selbst? Wenn der Mitarbeiter nicht will, weil seine intrinsische Motivation zu gering ist, ist die Frage klar. Konnte er jedoch eine Aufgabenstellung nicht erfolgreich erledigen, weil er entweder nicht genügend darauf vorbereitet war oder er sich nicht in klaren Rahmenbedingungen bewegen konnte, bleibt die Verantwortung bei der Führungskraft.

Neben der Förderung der intrinsischen Motivation und der extrinsischen Motivation durch die Führungskraft existiert noch eine weitere Dimension im Bereich der Mitarbeitermotivation: Die Vermeidung von Demotivation. Die Gründe für eine vorliegende oder entstehende Demotivation sind vielfältig. Sie können zum einen in der Person selbst verankert sein und z. B. durch eine Werteverschiebung oder Änderung der persönlichen Ziele hervorgerufen werden oder negative Einflüsse von außen können dafür verantwortlich sein. Was auch immer die Gründe sein mögen, es ist die Aufgabe der Führungskraft, gemeinsam mit dem Mitarbeiter an diesen Einflüssen, die die vorhandene Motivation zerstören, zu arbeiten und sie weitestgehend zu beseitigen.

Aus unserer Sicht bedeutet das die Hilfe zur Selbsthilfe, denn es kann und darf nicht Ziel sein, den Mitarbeiter von negativen Einflüssen komplett abzuschotten und ihn „in Watte zu packen", sondern die Führungskraft stärkt den Mitarbeiter durch Rückendeckung und Gesprächsbereitschaft bei der Problemlösung. Sicherlich ist es manchmal auch notwendig, das Gespräch mit Kollegen zu suchen, insbesondere wenn dem Mitarbeiter offensichtlich Steine in den Weg gelegt werden. Aber trotzdem ist auch hier eigenverantwortliches Verhalten gefragt – wenn alle Rahmenbedingungen klar sind, muss der Mitarbeiter seine Probleme innerhalb des gesteckten Rahmens selber lösen.

Genau beobachten muss eine Führungskraft, wenn die intrinsische Motivation nachlässt oder in Demotivation umschlägt. Sofern sich Werte und Ziele des Mitarbeiters in Bezug auf seine Rolle im Unternehmen, also seine Funktion, geändert haben, ist sehr schnell in Frage zu stellen, ob klassische Anreize der extrinsischen Motivation, wie z. B. Belohnungen, Prämien und Anreizsysteme auch längerfristig ausreichen, die Motivation zu halten. Soll heißen: Identifiziert sich der Mitarbeiter nicht ausreichend mit seiner Funktion und seinen Aufgaben, nützt extrinsische Motivation nur kurzfristig oder gar nicht. Um die Motivation zu halten oder gar zu steigern, müssten Sie sich ständig neue Anreize einfallen lassen. In einem solchen Fall ist das frühzeitige Gespräch über einen Wechsel des Arbeitsplatzes, des Aufgabengebietes oder ein persönliches Coaching dringend notwendig. Der Delegation kommt im Rahmen der Motivation eine besondere Bedeutung zu, da Sie durch die Übertragung von Aufgaben, die Ihr Mitarbeiter gerne erledigen möchte und mit denen er sich identifizieren kann, die so wichtige intrinsische Motivation stärken. Je höher die intrinsische Motivation durch Delegation der *richtigen* Aufgaben und Ziele ist, desto weniger muss der Mitarbeiter extrinsisch motiviert werden.

1.5 Persönlichkeitsprofile sicher erkennen und beachten

Haben Sie sich schon einmal ernsthaft und tiefgründig Gedanken darüber gemacht, wie die Persönlichkeitsstrukturen Ihrer Mitarbeiter und auch Ihrer Kollegen gelagert sind? Wenn ja, hervorragend, wenn nein, schade – eine verpasste Chance! Was nun folgt, ist keine tiefenpsychologische Abhandlung, denn das haben andere vor uns wissenschaftlich fundiert bereits gemacht. Für besonders Interessierte sind hier z. B. Briggs und Myers zu nennen, die einen wissenschaftlich orientierten Typenindikator (MBTI) entwickelt haben, der in der Praxis allerdings nur unter hohem Aufwand eingesetzt werden kann. Nein, was wir erreichen wollen, ist die Sensibilisierung für Persönlichkeitsprofile im beruflichen Umfeld. Jeder Mensch entscheidet intuitiv nach solchen Parametern und nennt es oftmals Sympathie und Antipathie. Man macht sich aber meistens viel zu wenig Gedanken darüber, wie die Entscheidung „sympathisch" oder „unsympathisch" zu Stande kommt und vor allen Dingen, wie man mit ihr umgeht.

Wenn wir im zwischenmenschlichen Bereich etwas erreichen wollen – und Führung spielt sich nun mal im zwischenmenschlichen Bereich ab – muss man seine „Gegner" kennen, man muss wissen, wie man sie nehmen kann. Und das geht nur, wenn man einigermaßen analytisch vorgeht. Nehmen Sie sich die Zeit, Ihre Mitarbeiter und Kollegen zu beobachten und grob zu kategorisieren. Es wird Ihnen helfen, Entscheidungen leichter durchzusetzen und Aufgaben effektiver zu delegieren. Im Folgenden möchten wir daher einige Beispiele aufzeigen, die Sie so in ihrer Vollkommenheit niemals antreffen werden, die aber Persönlichkeitsmerkmale skizzieren, die Ihnen nicht fremd sein werden.

Der positiv Denkende

Der positiv Denkende ist durch kaum etwas aus der Ruhe zu bringen. Er ist in der Lage, auch schwierigen Situationen positive Seiten abzugewinnen. Gespräche mit ihm sind meist angenehm und unkompliziert. Für das Abteilungsklima ist er eine wichtige Stütze mit nicht unerheblicher Vorbildfunktion. Aber Vorsicht: In Bezug auf die eigene Person denkt er ebenso positiv und neigt dadurch dazu, sich selbst, seine Leistungsfähigkeit und seine Leistungen zu überschätzen. Im Falle von Kritik an der Person oder seinen Leistungen müssen Sie argumentativ sachlich und fundiert vorgehen. Bei Zielvereinbarungen und Delegation ist wichtig, den Zeitrahmen und das Ziel klar zu formulieren – sonst „malt“ er das so positiv wie er denkt.

Der Alleswisser

Er weiß alles und vor allen Dingen immer besser als Sie und die Kollegen! Eigentlich wäre er für Ihren Job viel besser geeignet, es hat nur noch niemand gemerkt! Der Alleswisser hat auf alles eine Antwort und ist von seinem omnipotenten Wissen so überzeugt, dass er jede Entscheidung in Frage stellt. Typisch ist, dass er offene Konfrontationen scheut und lieber „under cover“ arbeitet. Nehmen Sie diese Menschen ernst, geben Sie diesen Menschen das Gefühl, dass Sie auf ihr Wissen bauen, aber meiden Sie zu große persönliche Nähe – sie ist eh nicht ernst gemeint. Die Übertragung von Aufgaben erfolgt nur mit eng gesetzten Meilensteinen und schriftlich formulierten Zielen –

denn manchmal neigen solche Menschen zur Vergesslichkeit. Für Projekte ist er wenig geeignet, da die Zusammenarbeit mit ihm im Team über längere Zeit schwierig ist. Der Alleswisser kann aber sehr wohl ein guter Sachbearbeiter für komplexe Themen sein. Ach ja, im Kundenkontakt sollten Sie ihn nicht einsetzen – er weiß auch gegenüber den Kunden alles besser!

Der Streitsuchende

Der Streitsuchende liebt die Konfrontation um der Konfrontation willen. Man weiß nicht genau, ob es ihm um die Sache geht, oder ob er einfach nur wieder streiten möchte. Er sieht selten positive Aspekte und äußert Kritik, ohne selbst jedoch konstruktive Lösungsvorschläge machen zu können. Er tritt häufig selbstbewusst auf, was den Umgang mit ihm nicht eben erleichtert. Die grundsätzlich eher negative Grundstimmung macht Mitarbeitergespräche und Delegationen schwierig aber nicht unmöglich. Wichtig ist, sich nach Möglichkeit nicht mit ihm auf einen Streit einzulassen, sondern ihm mit Ruhe und Sachlichkeit zu begegnen. Die Führung dieser Persönlichkeiten ist schwierig, weil man ständig Konfrontationen aus dem Wege gehen muss. Unmissverständliche Aufgaben und klar abgegrenzte Handlungsfelder sind ein Muss! Durch die sehr eingeschränkte Teamfähigkeit eigentlich nur als Einzelkämpfer einzusetzen.

Der Perfektionist

Der Perfektionist lebt in einer Welt des perfektionistischen Denkens und Handelns. Das Pareto-Prinzip ist ihm ein Gräuel. Er ist erst zufrieden, wenn er alles zu 100 % erledigt hat – wobei ihm 110 % lieber sind, um alle Eventualitäten auszuschließen. Dennoch ist er gerecht und idealistisch und seinem Naturell entsprechend für anspruchsvolle, analytische Tätigkeiten sehr gut einzusetzen. Kollegen gegenüber tritt er oft kritisch auf, weil er denkt, er hätte bestimmte Aufgaben besser erledigen können. Der Perfektionist priorisiert häufig Zielerreichung über Zeit, deshalb gerät sein Zeitmanagement aus den Fugen. Diese Kategorie Mensch führen Sie am effektivsten, indem Sie Vertrauen gegenüber seiner Leistung zeigen und ihn durch kurze Rücksprachеintervalle vor dem Verzetteln schützen. In Projekten eignet er sich als Supervisor, der Projektablauf und Meilensteinerreichung akribisch festhält.

Der Denker

Der Denker zeichnet sich durch Weisheit aus und begründet Erfahrungen sowohl auf den selbst gemachten als auch auf denen anderer. Er ist analytisch, sein abstraktes Denkvermögen erlaubt es ihm, Probleme aus unterschiedlichen Perspektiven zu beleuchten. Diese Fähigkeiten machen ihn sehr wertvoll, wenn es darum geht, neue Wege zu beschreiten und z. B. neue Geschäftsfelder zu erschließen. Er reagiert aber durchaus zynisch und ablehnend, wenn man seinen Denkmodellen nicht folgen kann (oder will!). Die Führung eines solchen Mitarbeiters ist relativ zeitaufwendig, zahlt sich allerdings aus, wenn es gelingt, seine Fähigkeiten zielorientiert einzusetzen. Sein Einsatz in übergreifenden Projekten ist sinnvoll, da er eingefahrene Denkmodelle verlässt und so für kreativen Input sorgt. Gerade deshalb muss er aber eng geführt werden, um das eigentliche Ziel nicht aus den Augen zu verlieren. Gerade für ihn muss das Ziel das Ziel sein und nicht der Weg.

Der kreative Künstler

Der kreative Künstler ist schöpferisch und voller innovativer Ideen. Er bringt es fertig, selbst langweilige Aufgaben durch seine kreativen Ideen interessant zu gestalten. Ein solcher Mitarbeiter ist meist offen und aufrichtig, man kann ihm vertrauen. Schwierig wird es nur, wenn man seinem kreativen Input nicht folgt, weil er nicht zielkonform ist, denn dann reagiert er launisch, beleidigt und teilweise melancholisch. Sein Wesen ist geprägt von großer Emotionalität. Ebenso wie er emotional auf andere Menschen zugeht, erwartet er diese Emotionalität auch von seinem Umfeld – und das führt oft zu Enttäuschungen. Folglich müssen Sie als Führungskraft den kreativen Künstler in Gesprächen auffangen und in Teams und Projekten vor allzu großer Enttäuschung schützen. Das Schlimmste für ihn ist, von anderen belächelt zu werden: „Der schon wieder mit seinen wirren Ideen!“ Aber, der kreative Künstler ist ein wichtiger Mitarbeiter. Sie müssen sein kreatives Potenzial nur in die richtige Richtung lenken und die Dosis vorgeben – und das geht bei ihm am besten über Anerkennung und Lob. Übrigens, er liebt das Chaos, lassen Sie also etwas Chaos zu!

Der Dynamiker

Wer kennt ihn nicht, den selbstsicher auftretenden und pragmatisch alles auf den Punkt bringenden Menschen? Wenn er einen Raum betritt, meint man ein leichtes Rauschen zu hören. Der Dynamiker ist (fast) immer zielbewusst und sein kommunikatives Auftreten wird ihm oft als Arroganz ausgelegt. In Besprechungen neigt er dazu, andere Meinungen und Ansichten "niederzubügeln“. Das macht ihn nicht unbedingt beliebt. Er liebt die Macht und verfährt nach dem Prinzip: Eine schlechte Entscheidung ist besser als keine Entscheidung! Und hier sind Sie als Führungskraft gefragt. Die oberste Maxime heißt: Bremsen und Lenken. Sie müssen Ziele und Werte klar vereinbaren und seinen Handlungsspielraum, sein Spielfeld in engen Grenzen definieren. Selbstverantwortliches Handeln ist gut, das Hinwegsetzen über bereits getroffene Entscheidungen nicht. Insbesondere in Teambesprechungen darf er seine Dominanz nicht ausspielen können. Sein Input muss moderiert werden. Hervorragend einzusetzen ist ein solcher Mitarbeiter bei ungeliebten oder kontrovers diskutierten Aufgaben oder in zäh laufenden Projekten. Hier ist er derjenige, der die Sache vorantreibt. Gehen Sie nur nie einer Kontroverse aus dem Weg, sonst spielt er Sie an die Wand!

Der helfende Vermittler

Ja, es gibt sie, die Menschen, die mit dem Helfersyndrom auf die Welt kommen. Da die Welt so schlecht ist und voller Tücken steckt, sorgen sie dafür, dass alles in die richtigen Bahnen gelenkt wird. Altruismus und Gerechtigkeitsstreben (oder -wahn?) sind ihre Maximen. Sie sind aufopferungsvoll und halten sich selbst für unentbehrlich und die wichtigste zwischenmenschliche Stütze im Unternehmen. Und da liegt das Problem. Auf der Spur nach Ungerechtigkeit verlieren sie leicht ihre eigenen Aufgaben aus den Augen. Sozial hoch engagiert, verlagern sie funktionsfremde Tätigkeiten in ihre Arbeitszeit und sind folglich überbeschäftigt und fühlen sich auch so. Helfen Sie ihnen, indem Sie ihnen den rechten Weg weisen! Packen Sie einen solchen Mitarbeiter bei der eigenen Ehre und machen ihm klar, dass das Sozialgebilde Abteilung nur funktioniert, wenn jeder Mitarbeiter zielorientiert und funktionsgerecht arbeitet. Für Sie ist wichtig, einen genauen Überblick über die für vereinbarte Aufgaben verwendete Zeit zu erhalten. Lassen Sie hier wenig Puffer zu. Unser helfender Vermittler eignet sich übrigens hervorragend als Tutor zur Einarbeitung neuer Mitarbeiter oder zur Organisation von Betriebsfesten.

Sicherlich haben Sie Mitarbeiter oder Kollegen zu einigen dieser Typen zuordnen können, aber wo finden Sie sich selbst, welchem Profil würden Sie sich zuordnen? Diese Frage ist wichtig, weil ihr Umfeld, ihre Mitarbeiter mit Ihnen als Persönlichkeit genauso umgehen müssen, wie Sie als Führungskraft mit Ihren Mitarbeitern. Sie müssen Ihre Wirkung auf andere reflektieren, um Reaktionen zu antizipieren und richtig einschätzen zu können.

Aus unserer Sicht ist dieser Abschnitt wichtig, weil die Sensibilisierung für unterschiedliche Persönlichkeitsprofile bei der Zusammenstellung von Teams eine entscheidende Rolle spielen. Man könnte glauben, ein synergetisch zusammenarbeitendes Team kann aus so unterschiedlichen Persönlichkeiten und Charakteren nicht zusammengestellt werden. Da jedoch niemand seine Persönlichkeit und seine

Charaktereigenschaften „ohne Rücksicht" auslebt, können so unterschiedliche Menschen sehr wohl effizient und effektiv zusammenarbeiten. Und für die Rolle, für die Funktion, die einem Mitarbeiter innerhalb eines Teams zugedacht wird, ist die Kenntnis seiner Persönlichkeit sehr hilfreich. Aber, die Einschätzung von Persönlichkeitsstrukturen ist immer subjektiv und hochgradig vom eigenen Profil abhängig. So bestimmt der selbst dynamische Mensch anhand seines eigenen Verhaltens, wo die Messlatte liegt, an der er misst, inwieweit andere Menschen dynamisch sind. Der Kreative misst an seiner eigenen Kreativität die Kreativität anderer. Folglich ist ein Team immer subjektiv zusammengesetzt und Gegensätze ziehen sich nicht nur an, sondern können sich ergänzen und so zu den gewünschten Synergien führen. Darüber hinaus hat die bewusste Zusammenstellung von Teams auch etwas mit Vertrauen und einem gewissen „Mut zur Lücke" zu tun. Und da verhält es sich manchmal wie bei dem Gleichnis der Hummel, wo auch eigentlich Unmögliches funktioniert:

Eine Hummel hat 0,7 cm^2 Flügelfläche bei 1,2 g Gewicht.
Nach den Gesetzen der Aerodynamik ist es unmöglich,
bei diesem Verhältnis zu fliegen.
Die Hummel weiß das aber nicht und fliegt trotzdem!

Wenn man sich ausreichend Gedanken über die Stärken und Schwächen von Mitarbeitern macht, weiß wie sie agieren und reagieren, kann man sie typgerecht einsetzen und resultierende Synergien nutzen. Nur, fangen Sie mit der Persönlichkeitsanalyse bei sich selbst an!

1.6 Führen durch Fordern und Fördern

Erfolgreiches Führen durch Fordern und Fördern setzt auf ein ausgewogenes Verhältnis der Dimensionen „Fordern" und „Fördern". Aus unserer Sicht kennzeichnet dieses kooperative Führen mit den 3 „F", dem Fordern, Fördern und Feedback, den Weg des „Vor-Gesetzten" zur reflektierten Führungskraft. Die Führungskraft ist dafür verantwortlich, jeden Mitarbeiter typgerecht und seiner fachlichen Kompetenz entsprechend einzusetzen. Dem Wort „Über“ kommt in diesem Zusammenhang eine ganz besondere Bedeutung zu. Wie bei vielen anderen Dingen ist auch hier wichtig, das richtige Maß zu finden und den Mitarbeiter nicht zu über*fordern*, ihn aber auch nicht zu über*fördern*. Darüber hinaus muss die Führungskraft auch noch beachten, innerhalb des Bereiches, der Abteilung in Bezug auf andere Mitarbeiter ein ausgewogenes und gerechtes Verhältnis zu schaffen. Gar nicht so einfach! Denn emotionale Aspekte wie Sympathie und Antipathie müssen weitestgehend herausgefiltert werden.

Das angemessene „F“ordern

Sie als Führungskraft haben die Aufgabe, alle Ihre Mitarbeiter zu fordern und ein optimales Arbeitsergebnis aus ihnen „herauszuholen“. Nur wenn alle Mitarbeiter „funktionieren“, wird sich der Bereich, den Sie verantworten, positiv entwickeln und Sie werden Ihre Ziele erreichen. Sie werden immer das Problem haben, dass es Mitarbeiter gibt, die sich gerne fordern lassen, die sich geradezu um jedes neue Projekt schlagen und andere, die mit dem was sie tun, genug gefordert sind. Persönlicher Einsatz, Ehrgeiz Leistungsbereitschaft und Leistungsvermögen sind hier die Parameter, die es zu beachten gilt. Anfallende Arbeiten sollten dem Leistungsvermögen der Mitarbeiter entsprechend möglichst gleich verteilt sein, die Mitarbeiter sollten innerhalb des Bereiches gleich gefordert, d. h. belastet sein. „Schöne Theorie“ werden Sie jetzt möglicherweise sagen! Wie erreicht eine Führungskraft, dass alle Mitarbeiter gleich belastet sind, dass auf Dauer keiner unterfordert, aber auch keiner überfordert ist?

Erstens sollten Sie das Leistungsvermögen des Mitarbeiters beurteilen, denn nicht jeder Mitarbeiter schafft eine definierte Aufgabe in der gleichen Qualität und in der gleichen Zeit wie ein anderer. Zweitens sollten Sie seine Leistungsbereitschaft, also den Grad seiner intrinsischen Motivation kennen. Und drittens sollten Sie dem Mitarbeiter mitteilen, wie Sie sein Leistungsvermögen und seine Leistungsbereitschaft einschätzen und welche Potenziale Sie in ihm sehen. Diese Einschätzung setzt voraus, dass Sie die Belastung des Mitarbeiters realistisch beurteilen können und nicht darauf angewiesen sind, zu glauben, was der Mitarbeiter Ihnen sagt. Arbeitszeit-Erfassungssysteme können hilfreich sein, geben aber keinerlei Hinweise auf Effektivität und Qualität der Arbeit. Folglich müssen Sie auf anderem Wege Arbeit messbar machen. Das erreichen Sie durch eindeutige, am Projekt und der Aufgabenstellung orientierten, Zielvereinbarungen, die nicht nur das Ziel, sondern auch den Weg als Meilensteine definieren. Anhand dieser Ziele und dem Grad der Zielerreichung können Sie eindeutige Rückschlüsse auf Qualität und Quantität ziehen und ggf. Korrekturen einleiten. Wir halten Führen durch Zielvereinbarungen für ein hervorragendes Instrument der Führung und Delegation, deshalb haben wir diesem Thema ein eigenständiges Kapitel gewidmet. Übrigens, versuchen Sie nicht, Fordern *durch* Fördern im ursächlichen Zusammenhang zu erreichen. Versuche, wie: „Wenn Sie diese Aufgabe erledigen, lege ich bei der nächsten Gehaltsverhandlung ein gutes Wort für Sie ein" führen dazu, dass ein Mitarbeiter seine gesamte Motivation auf diese einzelne Aufgabenstellung konzentriert und alle anderen Tätigkeiten mit untergeordneter Priorität durchführt. Eine Förderung, so auch eine Gehaltserhöhung, soll aber die gesamte Arbeitsleistung honorieren und nicht nur eine Einzelleistung. Weiterhin erreichen Sie, dass der Mitarbeiter bei jeder weiteren Aufgabenstellung unterschwellig fragen wird: „Was bekomme ich dafür?". Es ist das gleiche Prinzip wie bei dem Hund, der nur Pfötchen gibt, wenn man ihm einen Hundekuchen vorhält. Aber Sie wollen nicht Dompteur sein, sondern erfolgreiche Führungskraft!

Das angemessene „F"ördern

Das gezielte Fördern von Mitarbeitern kann sowohl in Incentives, Geld und geldwerten Vorteilen erfolgen als auch durch Lob und Anerkennung der Person. Lob und Anerkennung werden von vielen Führungskräften aber oft zu selten eingesetzt – dabei ist es so preiswert und wirksam. Gemeint ist allerdings die ehrliche Anerkennung und das ernst gemeinte Lob, aber dazu später.

In Seminaren zum Thema „Führung“ erarbeiten wir regelmäßig mit Führungskräften in Brainstormings, welche Art der Förderung aus ihrer Sicht wünschenswert ist. Wohlgemerkt, welche Form der Förderung sie wiederum von ihrer Führungskraft erwarten. Die folgende Aufstellung zeigt Ihnen exemplarisch das Ergebnis solcher Brainstormings:

– Anerkennung der Person
– bessere Arbeitsbedingungen
– persönliche Belange berücksichtigen
– Stärken und Schwächen berücksichtigen
– Mitarbeiter mehr in Entscheidungen einbinden
– mehr Informationen geben
– Sicherheit des Arbeitsplatzes
– Gehaltserhöhung
– Freiräume und mehr Selbständigkeit
– Beförderung
– Unterstützung
– Vertrauen schenken
– Vergünstigungen
– Aus- und Weiterbildung
– besseres Betriebsklima

Es ist kein Zufall, dass Beförderung und Gehaltserhöhung nicht auf den ersten Plätzen genannt werden. Wir haben es noch nie in einer Gruppe erlebt, dass diese monetären Aspekte auf einem der vorderen Ränge gelandet sind – für uns ein klares Indiz für zu geringe Wertschätzung der Arbeit durch persönliche Anerkennung. Viele Führungskräfte neigen dazu, ihre Wertschätzung, die durchaus ernst gemeint ist, durch Geld und Beförderung zum Ausdruck zu bringen, aber möglicherweise erwartet der Mitarbeiter etwas anderes. Ist es jedoch Usus und falsch verstandene Philosophie in einem Unternehmen, die Wertschätzung von geleisteter Arbeit fast ausschließlich durch geldwerte Vorteile zu honorieren, werden die Mitarbeiter auch nichts anderes erwarten. Das führt dann zu einer stetig steigenden Erwartungshaltung und zu ernsthaften Problemen in schlechteren Zeiten, wo Gehaltsbudgets immer knapper werden. Dann wird die Motivation durch Förderung ausgesprochen schwer.

Die Anerkennung, die Sie einem Mitarbeiter entgegenbringen, kann in zwei Dimensionen erfolgen. Einerseits ist es das klassische Lob für eine erbrachte Leistung und andererseits die Anerkennung der Person durch Wertschätzung, Respekt und Achtung. Mit dem Loben ist es aber gar nicht so einfach, denn es muss ehrlich gemeint sein und authentisch klingen. Deshalb sind wir Gegner der These, eine Führungskraft müsse ihre Mitarbeiter nur häufiger loben! Wenn Sie nur die Quantität des Lobens erhöhen, fragen sich die Mitarbeiter: „Was ist denn mit dem los?“ Antwort: „Der war auf einem Führungsseminar – in zwei Wochen ist der wieder normal!“ Das richtig eingesetzte Lob sollte sich immer auf eine konkrete Leistung beziehen und damit einen aktuellen und konkreten Anlass haben. Auch sollten Sie verzichten, ein Delegationsgespräch mit einem Lob zu beginnen. Sie werden schnell durchschaut, denn der Mitarbeiter realisiert, dass dieses Lob nur ein „Gleitmittel“ ist, um die folgende Delegation problemlos durchführen zu können.

Wenn Sie einen Mitarbeiter fördern möchten, ist es sinnvoll, sich *vor* einem Gespräch mit dem Mitarbeiter geeignete Förderungsmaßnahmen zurechtzulegen und für sich selbst zu priorisieren. In dem nun folgenden Mitarbeitergespräch sollten Sie Ihrem Mitarbeiter mitteilen, dass Sie mit einer bestimmten Leistung sehr zufrieden sind und Sie ihn fördern wollen. Sagen Sie nicht mehr, sondern fragen Sie den Mitarbeiter, welche Förderungsmaßnahmen er sich „wünscht“. Sie werden sich wundern, es ist nicht immer der schnöde Mammon, der genannt wird! Erst dann wird gemeinsam vereinbart, ob es eine Fort-bildungsmaßnahme sein wird, eine Erhöhung der Kompetenzen, die Eröffnung definierter Perspektiven oder tatsächlich „nur“ die Gehaltserhöhung. Mit diesem Vorgehen zeigen Sie Offenheit, Flexibilität und Wertschätzung des Mitarbeiters, denn Sie versuchen unter eingegrenzten Rahmenbedingungen seine individuellen Ziele und Bedürfnisse zu berücksichtigen.

Entscheidend ist, Lob und Anerkennung nicht nach dem Gießkannen-Prinzip einzusetzen und Lob und Anerkennung nach einer bestimmten Quote zu verteilen, sondern gezielt und individuell. Lassen Sie Mitarbeiter spüren, dass Sie bestimmte Ergebnisse und auch persönliche Eigenschaften wertschätzen und nehmen Sie bei Misserfolgen gute Mitarbeiter auch einmal sinnbildlich in den Arm. Hüten Sie sich vor dem hingeworfenen „Wie geht's?", wenn Sie eigentlich keine Zeit haben eine ausführlichere Antwort abzuwarten. Zeigen Sie Mitarbeitern, dass Sie sich freuen, sie zu sehen und begrüßen Sie sie mit Handschlag – auch das ist eine Geste der Wertschätzung. Gehen Sie genau so offen mit Tadel um. Offene, ehrliche und konstruktive Kritik unter vier Augen muss jeder vertragen, denn sie hilft, sich selbst zu entwickeln. Tadel und Kritik sind ein wichtiges Führungsinstrument, weil sie nicht nur für Klarheit auf der bilateralen Ebene Führungskraft / Mitarbeiter sorgen, sie unterstreichen zusätzlich Ihre Persönlichkeit und Ihr Standing als Führungskraft.

Eines sollten Sie allerdings in jedem Fall vermeiden: Die Geringschätzung der Person! Wer kennt sie nicht, Sätze wie: „Wenn es Ihnen nicht passt, können Sie ja gehen. Draußen stehen 100 andere, die Ihren Job machen wollen!" Sie bringen damit zum Ausdruck, dass es Ihnen vollkommen egal ist, vom wem die Arbeit getan wird. Der Mensch wird zu „Arbeitsvieh" degradiert. Wenn Sie bei einem Mitarbeiter das Gefühl haben, ein solcher Satz sei gerechtfertigt, dann haben Sie den Führungsfehler bereits vor einiger Zeit gemacht. Dann ist die zwischenmenschliche Beziehung eskaliert. Sei es aufgrund fachlicher oder menschlicher Probleme, diese Eskalationen lassen sich vermeiden, wenn man Probleme frühzeitig anspricht und sie gemeinsam mit dem Mitarbeiter löst. Eine Problemlösung ist natürlich auch ein Verlassen des Spielfeldes – aber, nicht Sie, sondern der Mitarbeiter verlässt das Spielfeld!

„F"eedback

Feedback (engl.: Reaktion) erhalten wir ungefragt. Reaktionen erreichen uns verbal, aber auch über Verhalten unserer Umwelt. Wie wir mit solchen Reaktionen umgehen, bleibt uns überlassen, wir können wiederum darauf reagieren, können es aber auch lassen! Erfolgreiche Führungskräfte allerdings sind sensibel und achten auch auf nonverbales Feedback. Führung hat sehr viel mit Sensibilität und dem berühmten „Fingerspitzengefühl" zu tun. Eine Führungskraft erhält Feedback nicht nur in extra dafür anberaumten Meetings und Besprechungen, sondern immer und überall – es ist nur eine Frage der Sensibilität. Achten Sie daher auf Ihr Umfeld und auch auf möglicherweise unausgesprochene Reaktionen Ihrer Mitarbeiter und fragen Sie nach, wenn Sie es für wichtig erachten. Mimik und Gestik können verräterisch sein.

Das klassische Feedback der Führungstheorie ist das Einholen und Erhalten gezielter Rückmeldung zu definierten Sachverhalten. Feedback ist immer sowohl Holschuld als auch Bringschuld. Soll heißen, Informationen können eingeholt werden und müssen unter bestimmten Umständen auch ungefragt gegeben werden. Bringschuld eines Mitarbeiters besteht immer dann, wenn Abweichungen bei einem geplanten Projekt- oder Arbeitsablauf drohen. Eine Führungskraft muss ungefragt informieren bei Änderung der Rahmenbedingungen, geänderten Strukturen oder sich verändernden strategischen Zielen. Ein Mitarbeiter bewegt sich im Bereich der Holschuld, wenn er bezüglich der Erledigung einer Aufgabe unsicher ist oder Fragen hat, ohne deren Beantwortung er nicht mehr zielgerichtet weiterarbeiten kann. Holschuld einer Führungskraft besteht z. B. dann, wenn Meilensteintermine und Endtermine von Projekten und Aufgaben anstehen. Das heißt also, niemand kann sich zurücklehnen und Verantwortung von sich weisen mit der Bemerkung: „Der hat mich ja nicht gefragt!"

Es ist natürlich sinnvoll im Sinne eines funktionierenden Zeitmanagements und der Einhaltung vernünftiger Strukturen, für das funktionsbezogene Feedback Termine und damit Freiräume einzurichten. Wir werden in unseren Seminaren oft gefragt, wie oft Feedbackgespräche mit Mitarbeitern und Teams notwendig sind. Unsere Antwort ist immer salomonisch: Es kommt darauf an! Führungspanne, Aufgabengebiet und Kompetenz der Mitarbeiter sind in Unternehmen so unterschiedlich, dass es keine klare Vorgabe geben kann. Eines ist aber wichtig. Feedbackgespräche müssen so häufig geführt werden, dass die Führungskraft über den Status der wichtigsten Aufgaben informiert ist, um ggf. führend eingreifen zu können und die Mitarbeiter genügend Gelegenheit haben, zu informieren und aufgetretene Fragen zu stellen.

Im kaufmännischen Bereich bei normaler Führungsspanne sind eine Teambesprechung und ein Rücksprachetermin mit jedem Mitarbeiter pro Woche praktikabel. Wichtig ist, für diese Termine „kleine heilige Inseln" zu schaffen. Fixe Termine, die fest anberaumt sind und nur in absoluten Notfällen abgesagt werden dürfen. Anberaumt bedeutet in diesem Zusammenhang, dass sowohl Ort als auch Start- und Endtermin feststehen. Wenn wir diese Problematik mit Führungskräften besprechen, hören wir oft den Einwand: „Wie soll ich das denn schaffen? Bei 10 Mitarbeitern bedeutet das 10 Stunden für die Rücksprachen und zwei Stunden für die Teambesprechung pro Woche! Wann soll ich denn arbeiten?" Wir müssen gestehen, dass wir uns auf diesen Einwand geradezu freuen. Erstens sind die *regelmäßigen* Rücksprachen eine der wichtigsten Führungsaufgaben überhaupt und zweitens, warum immer im Stundentakt denken? Nur weil der Timer das so vorgibt? Nein, planen Sie jeden Endtermin neu indem Sie sich *vorher* Gedanken machen, was im Rahmen dieses Gespräches besprochen werden *muss.* Es gibt ihn nicht, den optimalen Zeitrahmen für eine Besprechung. Ein effektives Meeting kann auch mal nur 15 Minuten dauern. Legen Sie die Punkte nach Möglichkeit schon auf dem vorangegangenen Meeting fest oder leiten Sie sie aus (hoffentlich) existenten Aktionsplänen ab und informieren Sie *vorher*, wenn Themen aus aktuellem Anlass hinzugekommen sind.

Eines der wichtigsten Feedbackgespräche ist das Jahresabschlussgespräch, in dem Sie gemeinsam mit dem Mitarbeiter das abgelaufene Jahr Revue passieren lassen und zusammen den Grad der Zielerreichung besprechen. Auch hier muss *vorher* klar sein, worüber gesprochen wird. Nichts ist schlimmer als ein unvorbereiteter Mitarbeiter oder gar eine unvorbereitete Führungskraft. Hier hilft eine vorher abgestimmte Agenda oder ein Gesprächsleitfaden, wie er in vielen Firmen vorliegt. Besonders strukturiert und effektiv sind diese Gespräche, wenn die wichtigsten Aufgaben und Projekte mit Meilensteinen, Terminstellungen, Endterminen und klar definierten Zielen vereinbart wurden. Ein solches Gespräch darf aber niemals eine Einbahnstraße sein, wo nur der Mitarbeiter „auf dem Prüfstein steht". Holen Sie auch das Feedback des Mitarbeiters ein, wie er Sie als Führungskraft erlebt und welche Wünsche und Anregungen er hat. Monologisieren Sie nicht, führen Sie das Gespräch als konstruktiven Dialog.

Das Jahresabschlussgespräch besteht grob aus den Teilen:

Rückblick: Was ist geschehen? Was wurde erreicht?
Wie war die Zusammenarbeit?

Status quo: Wo stehen wir jetzt? Was ist noch zu tun?
Wo sind Defizite?

Ausblick: Wo wollen wir hin? Wie können wir das erreichen?
Definition von Verbesserungspotentialen, Maßnahmen und Zielen im nächsten Jahr.

So strukturiert vermeiden Sie Überraschungen und am Ende des Gespräches wissen Sie und Ihr Mitarbeiter, wo Sie stehen und welche Aufgaben mit welcher Priorität im kommenden Jahr angegangen werden. Aber auch hier noch einmal: Seien Sie sensibel, lesen Sie auch zwischen den Zeilen und achten Sie auf Reaktionen des Mitarbeiters. Die Zeit, die Sie in ein ausführliches Gespräch investieren, gibt Ihnen Sicherheit und zahlt sich in Zukunft mehrfach aus. Es ist eine Investition in eine gemeinsame Zukunft!

Exkurs: Macht macht nichts!

Je höher eine Führungskraft in der Hierarchie aufsteigt, je mehr Verantwortung ihr übertragen wird, desto höher wird auch ihre Macht. Und das ist auch gut so! Es braucht gewisse Machtstrukturen, um sich in seinem Umfeld durchzusetzen und in bestimmten Situationen schnell entscheiden zu können. Auch die Insignien der Macht können für Führungskräfte sehr angenehm sein. Da ist der Firmenwagen, das große Büro, die „eigene" Sekretärin und die Splitterfanggardine. Ja, Sie lesen richtig! In einem großen Industrieunternehmen, in dem wir tätig waren, wurden die Fenster von Angestellten ab einer gewissen hierarchischen Ebene mit Splitterfanggardinen ausgestattet. Im Falle einer Explosion auf dem Werksgelände und dadurch berstende Scheiben würden die umherfliegenden Glassplitter durch diese Gardinen aufgefangen – den „niederen" Mitarbeitern flögen eben diese um die Ohren.

Machtstrukturen sind normalerweise klar definiert durch Rahmenbedingungen, Organigramme und Funktionsbeschreibungen. Die Machtverhältnisse zu anderen können auch helfen, den eigenen Bereich oder einzelne Mitarbeiter vor nicht abgestimmten Eingriffen „von außen" zu schützen. Alles das ist gut. Nicht gut ist der Missbrauch von Macht, das unangemessene Ausspielen von Macht. Seien Sie sich Ihrer Macht bewusst, treten Sie selbstbewusst und bestimmt auf und verleugnen Sie nicht die Macht, die Sie besitzen. Verzichten Sie nur darauf, Ihre Macht einzusetzen, um Abstimmungsprozessen oder Diskussionen aus dem Wege zu gehen oder eigene Ziele durchzusetzen, die weder dem Unternehmen noch den Mitarbeitern dienen.

Ein dahingeworfener Satz, wie: „Das machen wir (gemeint ist übrigens Sie) jetzt so weil ich es will!", vernichtet in einem kurzen Augenblick unglaublich viel Motivation. Sie geben dem oder den Beteiligten das Gefühl, dass Sie der Alleinentscheidende sind und es Ihnen in keiner Weise auf den Input, das Feedback Ihrer Mitarbeiter ankommt. Zugegeben, es gibt Ausnahmesituationen, in denen ein so rigides Durchgreifen tatsächlich sogar angemessen ist. Aber es sollten Ausnahmen sein und selbst dann noch einigermaßen nachvollziehbar sein. Geraten Sie häufiger in Situationen, wo Sie das Gefühl haben, jetzt geht es nur noch mit Druck, sollten Sie grundsätzlich Ihr Führungsverhalten überdenken. Mit Macht ist es wie mit Medikamenten: Immer nur einsetzen in möglichst geringer Dosis nach klarer Indikationsstellung!

Führungsgrundsätze und Delegation

Kooperative und zielorientierte Führung sind das Fundament für eine erfolgreiche Delegation von Aufgaben. Sie motivieren Ihre Mitarbeiter durch Transparenz, Offenheit und Berechenbarkeit und erreichen Ziele *gemeinsam* mit Ihren Mitarbeitern. Delegation ist mehr, als das reine Weitergeben von Aufgaben, sondern sie ist im Rahmen der kooperativen Führung ein wichtiges Element zur Motivation durch angemessenes Fordern und Fördern.

Für eine gezielte und erfolgreiche Delegation ist es entscheidend, jeden Ihrer Mitarbeiter zu kennen. Dieses „Kennen“ darf nicht nur beschränkt sein auf die fachlichen Qualifikationen des Mitarbeiters, sondern sollte ebenso seine Persönlichkeit widerspiegeln. Da die kooperative Führung auf dem Grundverständnis des *Miteinander* basiert, müssen aber auch Sie sich darüber im Klaren sein, wie Sie von Ihren Mitarbeitern gesehen und erlebt werden. Nur dann ist ein langfristig erfolgreiches Arbeiten im Team möglich.

2. Führen durch Ziele – alter Wein in neuen Schläuchen?

Im Leben eines Menschen gibt es
eigentlich nur zwei Sünden:
Zu wünschen, ohne zu handeln –
und zu handeln, ohne Ziel.

Ayn Rand

2.1 Der Einfluss des Peter F. Drucker

Peter F. Drucker wurde 1909 in Wien geboren und wuchs in einem Elternhaus auf, das als Treffpunkt für Intellektuelle und Wissenschaftler galt. Hier hatte er bereits sehr früh Kontakte zu bedeutenden Ökonomen wie Schumpeter, Mises und Hayek. Ende der 20er Jahre ging Drucker nach Deutschland und arbeitete als Journalist. Zu dieser Zeit gehörte er in Deutschland jenen konservativen Kreisen an, die versuchten, eine Machtübernahme durch die Nationalsozialisten zu verhindern. Nach dem Zusammenbruch der Weimarer Republik emigrierte er nach England, arbeitete im Bankwesen und nahm regelmäßig an den noch heute legendären Keynes-Seminaren teil. Noch vor Ausbruch des Zweiten Weltkrieges wanderte Drucker in die USA aus und begann dort Ende der 40er Jahre seine eigentliche Karriere. Als Berater von General Motors und anderen bedeutenden Großunternehmen entwickelte er die Grundlagen des modernen Managements.

Drucker postulierte früh in der Managementtheorie den Paradigmenwechsel von der Aufwands- und Überwachungsorientierung hin zur Ergebnis- und Produktivitätsorientierung. In den folgenden Jahrzehnten hat Drucker viele wichtige Entwicklungen in Soziologie, Wirtschaft und Management vorhergesehen und aktiv mitgestaltet. Er entwickelte als universaler Denker mit einem Hintergrund von Philosophie und Politikwissenschaft Theorien und Lösungen, die bis in die heutige Zeit kaum etwas an Aktualität verloren haben. Als zwei seiner wichtigen Werke gelten „Die Praxis des Managements“ und „Management im 21. Jahrhundert“, wo er die Aufhebung politischer Grenzen im Managementdenken fordert.

Peter F. Drucker lebt in Claremont, Kalifornien, und hält auch heute noch, im Alter von über 90 Jahren, wöchentlich Vorlesungen an der „Peter F. Drucker Graduate School of Management“. Als einer der weltweit bedeutendsten Ökonomen hat er zwei Dutzend Bücher mit einer Gesamtauflage von über sechs Millionen Exemplaren publiziert. Viele seiner Gedanken und Theorien, die von ihm vor Jahrzehnten entwickelt wurden, beeinflussen auch heute noch – oder gerade wieder – die Managementpraxis.

Drucker hat sich bereits sehr früh damit auseinandergesetzt, welche Eigenschaften eine ideale Führungskraft haben muss. Für ihn wird niemand in diese Rolle geboren, man kann sich nur zu ihr entwickeln. Er fasst die 5 Essentials einer effektiven Führungskraft wie folgt zusammen:

1. Eine richtige Zeiteinteilung.
2. Das Talent für richtige und gute Organisation.
3. Die Gabe, verfügbare Ressourcen sinnvoll einzusetzen.
4. Die Fähigkeit, Rangfolge und Wichtigkeit von Aufgaben zu erkennen.
5. Das Handeln nur an Effektivität auszurichten.

Für Drucker ist die höchste Aufgabenstellung einer Führungskraft, in ihrem Unternehmen die Gewinne zu erwirtschaften, die zur Sicherung der Zukunft notwendig sind. Und das geht nur durch Effektivität und Effizienz. Ein Zitat macht deutlich, wie pragmatisch und wissenschaftlich nüchtern er aufgrund seiner vielfältigen Erfahrungen die Erlernbarkeit der wichtigsten Management-Tools sieht. Es setzt aber nicht nur die Bereitschaft zu lernen voraus, sondern bedeutet im Vorfeld die Reflexion des eigenen Ich und Kenntnis der individuellen Stärken und Schwächen.

„Es gibt keinen „geborenen Manager“, genauso wenig wie jemand mit der Gabe zu lesen oder das Einmaleins aufzusagen geboren wird. Es gibt Fähigkeiten – und Fähigkeiten müssen stets erlernt werden; das Gleiche gilt für die Fähigkeiten, die einen wirkungsvollen Manager ausmachen. In meiner 50jährigen Erfahrung als Berater, in der ich eng mit Managern der verschiedensten kleineren oder größeren Unternehmen zusammengearbeitet habe – Betriebe, Verwaltungsbehörden, Gewerkschaften, Krankenhäuser, Universitäten, ob mit Ame-

rikanern, Europäern, Japanern, Lateinamerikanern, nie bin ich auch nur einem einzigen „Naturtalent" begegnet: also einem Manager, dem die Effizienz schon in die Wiege gelegt worden wäre. Alle wirkungsvollen Manager, die ich getroffen habe, mussten ihre Wirksamkeit erlernen. Sie alle mussten diese Wirksamkeit so lange üben, bis sie zur Gewohnheit wurde. Doch alle, die an ihrer Effizienz arbeiteten, hatten auch Erfolg! Effektivität und Effizienz sind erlernbar."

Peter F. Drucker

Das folgende Kapitel, in dem wir die Managementtechnik des „Führen durch Zielvereinbarungen" als wichtiges Instrument auch für die erfolgreiche Delegation vorstellen, ist aus unserer Sicht als Hommage an den großen Denker und Wissenschaftler Peter F. Drucker zu verstehen.

2.2 Führen durch Zielvereinbarungen

Jeder Mensch denkt in und arbeitet an Zielen – das ist nichts besonderes. Gerade in Unternehmen arbeitet niemand ziel- und planlos an seinen Aufgabenstellungen. Qualitative und quantitative Ziele bestimmen unser Handeln und damit unseren Alltag. Haben Sie sich schon einmal gefragt, woher diese Ziele stammen und wie sie zu begründen sind? Und – was sind überhaupt Ziele? Im Grunde genommen ist ein Ziel ein Endzustand, ein Ergebnis, das es mittels bestimmter Maßnahmen zu erreichen gilt. Diese Definition reicht uns nicht aus, weil sie viel zu viele Möglichkeiten der Interpretation zulässt und eine wichtige Dimension nicht enthält: die Zeit.

Sie sehen, bevor wir anfangen, über Führen durch Zielvereinbarungen tiefer nachzudenken, müssen wir uns auf eine Definition einigen. Ein Ziel kann wie folgt definiert werden:

Ein Ziel ist die eindeutige Darstellung eines Endzustandes oder eines Ergebnisses zu einem eindeutig definierten Zeitpunkt.

Folglich ist ein Ziel ein Zustand, bei dem zum Zielzeitpunkt eindeutig festgestellt werden kann, ob er erreicht ist oder nicht. Es ist so wie bei dem Pfeil, der in Richtung der Zielscheibe abgeschossen wird. Entweder er trifft, oder er trifft nicht. Diskussionen sind hier ausgeschlossen, denn ein bisschen treffen gibt es nicht.

Noch etwas ist uns wichtig: Wir werden im Folgenden nur noch den Begriff des Führens durch *Zielvereinbarung* verwenden. Im Umgangssprachlichen und auch in der Literatur werden Sie häufig den Terminus des Führens durch *Ziele* antreffen, das ist keinesfalls falsch, dennoch nicht exakt genug, weil ansonsten das Ziel auch eine *Zielvorgabe* sein könnte. Da Zielvorgaben in den meisten Fällen einen nur geringen motivatorischen Charakter besitzen, muss einem Ziel immer eine Vereinbarung zugrunde liegen. Entweder mit sich selbst, bei persönlichen Zielen oder mit anderen im beruflichen Umfeld. Im Rahmen dieser Vereinbarung wird das Ziel klar definiert und die Zeitachse festgelegt. Es kann Ihnen als Führungskraft durchaus gelingen, in einem Mitarbeitergespräch aus einer *nichtausgesprochenen* Zielvorgabe eine Zielvereinbarung zu machen, allerdings müssen Sie im Falle guter Gründe auch bereit sein, ihr Ziel zu korrigieren. Sobald ein Mitarbeiter das Gefühl hat, in den Zielfindungsprozess involviert gewesen zu sein, wird er auch motiviert sein, das Ziel zu erreichen. Nur dann wird aus Ihrem Ziel das Ziel des Mitarbeiters.

MbO, Management by Objectives (Führen durch Ziele), wurde 1954 das erste Mal von Peter F. Drucker in seinem Buch „The Practice of Management" thematisiert. Er ging bei seinen Überlegungen davon aus, dass sich die Managementphilosophie in Unternehmen von der Aufwands- und Überwachungsorientierung in eine Ergebnis- und Produktivitätsorientierung ändern müsse. Nur dann seien Unternehmen in der Lage, steigendem Wettbewerb standzuhalten. Betrachtete man früher primär retrospektiv, welchen Aufwand das Unternehmen gehabt hat, um ein bereits erreichtes Ziel zu erreichen, so forderte Drucker nun von den Unternehmen, Ziele wettbewerbs- und marktorientiert zu definieren und dann zu überprüfen, ob diese Ziele mit der derzeitigen Produktivität zu erreichen sind oder ob Änderungsbedarf besteht. Durch diesen Ansatz ist ein Unternehmen – realistische Ziele vorausgesetzt – in der Lage, exakt zu planen, welche Ergebnisse bis zu einem bestimmten Zeitpunkt erreicht werden. Ein weiterer Gesichtspunkt war, den Mitarbeiter verstärkt zum selbstverantwortlichen Handeln zu motivieren und damit, durch die höhere intrinsische Motivation, seine Effizienz zu erhöhen. Dem Mitarbeiter wird die Verantwortung für das Ziel übertragen und er ist – innerhalb vereinbarter Rahmenbedingungen – selbst für den Weg verantwortlich.

Nachdem MbO in vielen bedeutenden Unternehmen der USA eingeführt worden war und die MbO-Welle auch nach Europa geschwappt war, legte sich die erste Euphorie und Kritik wurde laut. Eben weil dieser theoretische Ansatz so simpel und schnell durchsetzbar erschien, haben sich viele Firmen für MbO entschieden, ohne zu wissen, was sie wirklich tun bzw. tun müssten. Die gravierendsten Fehler die gemacht wurden, und auch heute immer noch gemacht werden, sind, es als „schöngeschminkten" Top-down-Ansatz zu fahren, die Einzelziele nicht übergreifend zu vernetzen und Ziele nicht ausreichend zu dokumentieren.

MbO basiert auf den Gedanken der kooperativen Führung und des selbstverantwortlichen Mitarbeiters. Es ist eben kein Top-down-Modell, wo Mitarbeitern Ziele vorgegeben werden und der Weg und die Zielerreichung durch die Führungskraft kontrolliert wird. Hier begann das schwierige Loslassen der damaligen Führungskräfte, die aufgrund ihrer Historie und der Strukturen innerhalb der Firmen noch sehr stark von autoritärer Führung geprägt waren. Aus den Zielvereinbarungen wurden pseudo-demokratische Zielvorgabegespräche und die Mitarbeiter, denen MbO als kooperatives Führungsmodell „verkauft" worden war, waren mehr demotiviert als motiviert – ja, sie fühlten sich geradezu verschaukelt. Weiterhin waren die Ziele der verschiedenen Abteilungen und Bereiche meist nicht miteinander vernetzt und nicht aus übergeordneten strategischen Zielen abgeleitet. So entwickelte sich ein Zielchaos, in dem ein sinnvolles Zusammenfahren der Ziele nicht möglich war, weil die einzelnen Ziele nicht zueinander passten. Schließlich waren die Ziele nicht klar genug definiert, formuliert und dokumentiert, woraus sich unerfreuliche Diskussionen zwischen Führungskraft und Mitarbeiter entwickelten, ob ein Ziel nun erreicht ist oder nicht.

Wenn Sie sich heute mit dem Thema „Führen durch Zielvereinbarungen" beschäftigen, werden Ihnen die verschiedensten Einwände und Kritikpunkte begegnen, die Ihnen auf das Trefflichste erklären, warum „Führen durch Zielvereinbarungen" nicht mehr ist, als ein nettes theoretisches Modell. Einige und vielleicht die häufigsten möchten wir aufgreifen und soweit es geht entkräften.

1. *Zielvereinbarungen führen dazu, dass Mitarbeiter ihr Leistungspotenzial nicht ausschöpfen und sich Puffer einbauen.*

Kein Mitarbeiter leistet absichtlich schlechte Arbeit. Wenn er jedoch Leistung verweigert, hat das Gründe – und diese sind dann zu hinterfragen! Sofern der Mitarbeiter motiviert ist, wird er sein Leistungspotenzial einbringen und realistisch an die Zielsetzung und den damit verbundenen Zeitrahmen herangehen. Wichtig ist, dass er spürt, dass es sich um eine echte Vereinbarung handelt und er sowohl das Ziel als auch den Zeitrahmen mitbestimmt hat. Das selbstverantwortliche Handeln in definierten Freiräumen ist seine Triebfeder.

2. *„Führen durch Zielvereinbarungen" ist aufwendig und bedeutet Formalismus.*

Ein gewisser Formalismus ist nötig, da Ziele fest*geschrieben* werden müssen, also tatsächlich zu Papier gebracht werden müssen. Ziele im Rahmen von Führen durch Zielvereinbarungen werden aber nicht für jede Tätigkeit vereinbart und die Dokumentation aller Standardaufgaben ist ebenfalls nicht Ziel des Instrumentes. Erfolgreich wird der Prozess nur, wenn man sich auf die drei bis sechs wichtigsten Innovations- und Entwicklungsziele konzentriert. Letztendlich wird Zeit gespart, weil Diskussionen aufgrund unklarer Aufgabenstellungen und aufwendige Abstimmungsgespräche vermieden werden.

3. *Ziele sind kurze Zeit, nachdem sie zu Papier gebracht wurden, nicht mehr aktuell.*

Diese Aussage trifft dann zu, wenn alle Standardziele und Routineaufgaben in den Prozess aufgenommen werden. Bei Innovations- und Entwicklungszielen ziehen Änderungen im Markt, im Wettbewerb oder im Umfeld, in dem sich ein Unternehmen bewegt, nicht zwingend Zielkorrekturen nach sich, denn lediglich die Maßnahmen zur Zielerreichung müssen überprüft und korrigiert werden. Diese Korrekturen, die natürlich auch abgestimmt und dokumentiert werden müssen, konterkarieren nicht das Modell, sondern stützen es, weil sie für Transparenz sorgen und Mitarbeiter zu strukturiertem Vorgehen auch unter geänderten Rahmenbedingungen sorgen.

4. *In Zielgesprächen wird mehr über Aufgaben und Maßnahmen als über Ziele geredet.*

Steht das Ziel fest, muss der Mitarbeiter den Weg und die Maßnahmen beschreiben, wie er dieses Ziel erreichen will. Er ist verantwortlich für die Zielerreichung und damit auch für den Weg. Sofern Kompetenzen und Rahmenbedingungen klar sind, muss bei einem vertrauensvollen Verhältnis zwischen Führungskraft und Mitarbeiter über den Weg nicht mehr diskutiert werden.

5. *„Führen durch Zielvereinbarungen" funktioniert nicht in Non-Profit-Unternehmen.*

Falsch! Auch in Non-Profit-Unternehmen gibt es Messgrößen, an denen man konkrete Ziele festmachen kann. Es muss nicht immer der Umsatz, Profit und Marktanteil sein, die Einführung eines Systems, eines neuen Arbeitszeitmodells oder die Zufriedenheit der Zielgruppe. Möglich sind auch veritable Messgrößen. Alle Handlungsfelder, die für eine Organisation wichtig sind, kann man auch messen und Ziele daran orientieren.

6. *„Führen durch Zielvereinbarungen" muss an ein Prämienmodell gekoppelt werden.*

Nein! Mitarbeiter sind nicht nur durch Geld zu motivieren. Andere Förderungsmaßnahmen dienen ebenso der Motivation, ein Ziel zu erreichen. Außerdem kann allein das Erreichen des Ziels und der selbstverantwortete Weg dorthin, sehr viel intrinsische Motivation auslösen. Der Hobby-Marathonläufer läuft auch nur, um das Ziel zu erreichen – er erhält kein Startgeld!

7. *Bei Koppelung von „Führen durch Zielvereinbarungen" an ein Prämiensystem arbeitet der Mitarbeiter nur noch an seinen wichtigen Zielen und vernachlässigt seine anderen Aufgaben.*

Nicht „Führen durch Zielvereinbarungen" ist Schuld daran, wenn sich ein Mitarbeiter verzettelt und in der Priorität untergeordnete Aufgaben aus den Augen verliert. „Führen durch Zielvereinbarungen" hilft vielmehr, die wichtigen Aufgaben bezüglich der notwendigen Ressourcen und der Zeit planbar zu machen und damit auch die Zeit planen zu können, die für die weniger wichtigen Tätigkeiten notwendig ist.

8. *„Wer sich auf Ziele konzentriert, verkrampft" (R. K. Sprenger)*

Heißt das, dass nur der entkrampft arbeiten kann, der keine Ziele hat? Nein, verkrampft ist im Arbeitsprozess derjenige, der an unrealistischen Zielen arbeitet, der überfordert ist oder sich selbst überfordert und derjenige, der seine sozialen Kontakte im Unternehmen verkümmern lässt. Hier besteht jedoch kein kausaler Zusammenhang mit „Führen durch Zielvereinbarungen". Verkrampfung ist auch ohne Zielvereinbarungen möglich.

9. „Führen durch Zielvereinbarungen" ist ein reines Kontrollinstrument

Stimmt, teilweise. „Führen durch Zielvereinbarungen" ist insofern ein Kontrollinstrument, da die Zielerreichung kontrolliert werden muss – aber nicht durch die Führungskraft, sondern durch den Mitarbeiter selbst. Und das ist auch gut so! Somit ist es aber kein Kontrollinstrument für Führungskräfte, sondern „Führen durch Zielvereinbarungen" motiviert durch den Vereinbarungscharakter, durch die *freiwillige Selbstkontrolle* und die damit verbundene Selbstverantwortung.

10. Zielvereinbarungen haben nichts mit der Unternehmensvision zu tun.

Wenn das so sein sollte, liegt es am Zielprozess und nicht an der Methode an sich. Sofern Ziele stringent in allen Bereichen Top-down *und* Bottom-up vereinbart wurden und wir uns auf Innovations- und Entwicklungsziele konzentrieren, wird die Vision eines Unternehmens und die damit verbundenen großen strategischen Ziele von allen Mitarbeitern – bis ins letzte Glied – getragen. Besonders bemerkenswert ist, dass durch die Zieltransparenz die Identifikation mit der Vision sogar erhöht wird.

Wir könnten diese Liste noch weiterführen, aber wir denken, durch viele dieser Einwände ist deutlich geworden, dass vielfach nicht das Führungsinstrument „Führen durch Zielvereinbarungen" dafür verantwortlich ist, wenn es in einem Unternehmen, einer Organisation nicht funktioniert. Es ist leider so, dass es entweder überhastet, ohne die dringend notwendige Information im Vorfeld eingeführt wurde oder halbherzig und nicht durchgängig genug. „Führen durch Zielvereinbarungen" darf niemals ein *führungstheoretischer One-Night-Stand* sein, also eine Maßnahme, die nur kurzfristig eingesetzt wird, sondern dieses Konzept ist nur dann erfolgreich, wenn es langfristig ausgelegt und von allen Beteiligten verinnerlicht ist. Ziele sind wichtig, denn nur wer Ziele hat, weiß wo er steht und kann so seine eigene Leistungsfähigkeit beurteilen. Es gibt kaum etwas Schöneres, als ein

Ziel zu erreichen und wenn das dann auch noch gemeinsam mit anderen geschieht, mit Kollegen und Mitarbeitern, ist es um so schöner. Das *alte* Instrument von Peter F. Drucker hat, sofern es auf die Gegebenheiten der heutigen Zeit angepasst ist, nichts von seiner Aktualität verloren, denn alt ist nicht immer gleich schlecht und neu ist nicht immer gleich gut. Im übertragenen Sinne ist hier der "alte Wein in neuen Schläuchen“ auch wahrlich kein Nachteil. Oder finden Sie es schlimm, wenn ein *alter* Burgunder vom Fass in *neue* Flaschen abgefüllt wird?

2.3 Von der Vision zum operativen Ziel

Bedeutende Unternehmer denken in Visionen und sind in der Lage, durch Charisma ihre Mitarbeiter zu motivieren. Erich Fromm hat einmal gesagt: „*Wenn das Leben keine Vision hat, nach der man strebt, nach der man sich sehnt, die man verwirklichen möchte, dann gibt es auch kein Motiv, sich anzustrengen*“. Somit bestimmt die Vision das Motiv, die Motivation, etwas zu tun und es gut zu tun. Visionen sind übergeordnete Werte, Normen und Ziele, aus denen man aber sehr wohl operative Ziele ableiten kann. Erfolgreiche Visionäre und Führungskräfte schaffen es, das was sie denken und wollen umzusetzen und damit auf die Handlungsebene zu bringen. Schaffen wir es, das was wir denken und wollen tatsächlich zu tun, schließt sich der Regelkreis der Führung.

Der Regelkreis der Führung macht deutlich, dass Handeln erst dann effektiv sein kann, wenn Ziele und Visionen verinnerlicht sind und die intrinsische Motivation, das Wollen, die Handlungen bestimmt. Die Handlung als solche geschieht in den Freiräumen, die Sie als Führungskraft mit dem Mitarbeiter als Rahmenbedingungen definiert und vereinbart haben. Dieser Zielkorridor gewährt dem Mitarbeiter viele Freiräume.

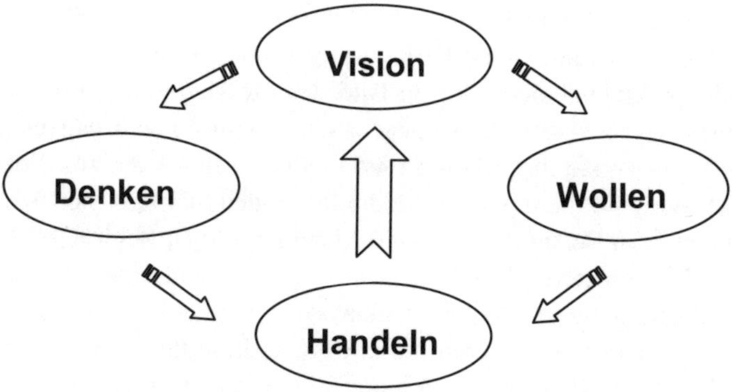

Abbildung 3: Der Regelkreis des Führens

„Führen durch Zielvereinbarungen" ist ein Instrument, um nicht nur Ziele zu entwickeln, sondern sie durch die Vereinbarung mit nachfolgenden oder übergeordneten Hierarchieebenen auf die Handlungsebene zu bringen und die Ziele in konkrete Maßnahmen und Aktivitäten umzusetzen.

Für einen kurzen Augenblick möchten wir das betriebliche Umfeld gemeinsam mit Ihnen verlassen. Denn – „Führen durch Zielvereinbarungen" ist mehr als nur ein Instrument, eine Methode, eine Denk- und Arbeitshaltung, die Ihnen hilft, Ihre Arbeit besser zu strukturieren und Ihre Mitarbeiter noch effektiver und motivierter zu führen. Es ist viel mehr: „Führen durch Zielvereinbarungen" ist ein hervorragendes Instrument, um sich selbst zu führen und das Leben besser zu strukturieren. Gehen Sie von der Frage aus, welche Menschen unglücklich sind. Glück und Unglück, Zufriedenheit und Unzufriedenheit haben nicht ausschließlich mit Geld, Karriere und Ansehen zu tun, sondern Zufriedenheit und Glück orientieren sich in hohem Maße an Zielen, die erreicht sind oder nicht. Diejenigen, die ständig hinter ihren Zielen herlaufen, weil die Ziele unrealistisch waren, werden auf lange Sicht unglückliche Menschen werden. Nicht, weil sie keinen Erfolg hatten, sondern weil ihre Ziele, die Messlatte, an der sie ihren eigenen

Erfolg messen, einfach zu hoch lagen. Ob eine Messlatte zu hoch liegt, ob ein Ziel unrealistisch ist, ist aber nicht nur eine Funktion des Umfeldes, es ist auch eine Frage des persönlichen Einsatzes und der gewählten Maßnahmen. Um im Bild der Messlatte zu bleiben: Eine Hochspringerin kann noch so begabt sein, wenn sie nicht ausreichend trainiert, wenn sie ihre Maßnahmen nicht ausschließlich am Ziel orientiert, wird sie niemals eine Medaille bei den Olympischen Spielen gewinnen. Ein Beispiel: Ein junger Manager, der zu Beginn seiner erfolgreichen Karriere als Ziel definiert, Vorstand in einem bedeutenden Industrieunternehmen zu werden, wird unglücklich und unzufrieden sein, wenn er realisieren muss, dass er diese Position nicht mehr erreichen kann. Es ist dann zu hinterfragen, ob das Ziel unrealistisch war oder die Maßnahmen zur Zielerreichung nicht ausreichend in Richtung Zielkonformität korrigiert worden sind. In diesem Fall war nicht das Ziel unrealistisch, sondern die Maßnahmen, denn niemand wird Vorstand, indem er zu häufig Branchen und Funktionen wechselt. Völlig losgelöst davon, welchen objektiven Erfolg unser Manager bis zu diesem Zeitpunkt tatsächlich erlangt hat, Ehrgeiz und Missgunst nagen an ihm. Schlimmer noch – dadurch, dass er im Laufe seiner Karriere zu keinem Zeitpunkt eine Zielkorrektur durchgeführt hat, hat er bestehende Chancen verpasst, weil er nur diesem einen – nicht eindeutig definierten – Ziel „nachgehechelt“ ist.

Aber es geht auch anders: Ein anderer Manager, den wir persönlich kennen, hatte das gleiche Ziel, nämlich Vorstand zu werden. Allerdings nicht in *irgendeinem* Unternehmen, sondern in *dem* Unternehmen, das ihn seit Beginn seiner Karriere beschäftigte. Er verlor sein Ziel nie aus den Augen und orientierte die Maßnahmen zur Zielerreichung immer an den Rahmenbedingungen und Chancen, die das Unternehmen bot. Er korrigierte nicht das Ziel, sondern lediglich den Weg innerhalb des Zielkorridors. Bei Erreichung von Teilzielen orientierte er sich neu und definierte für sich selbst den nächsten Meilenstein. Offensichtlich war der Weg der richtige und die Meilensteine, die Teilziele, realistisch und zielkonform – heute ist er im Vorstand eines bedeutenden Chemie- und Pharmakonzerns.

Will sagen: Wenn ein aus einer Vision abgeleitetes Ziel nicht *klar* und *eindeutig* definiert ist, sind Sie nicht in der Lage, die Qualität der Maßnahmen zur Zielerreichung exakt zu überprüfen. Es ist wie bei unserem ersten Manager. Vorstand in irgendeinem Unternehmen zu werden ist zu wenig eindeutig. Somit konnte er auch Meilensteine und operative Ziele nicht eindeutig festlegen und „dümpelte" im Zielkorridor hin und her. Je klarer ein Ziel ist, desto mehr werden Sie bei der Zieldefinition bereits gezwungen, sich intensiv über den Weg Gedanken zu machen. Es ist wie bei einem Bergsteiger. Derjenige, der irgendeinen 8.000er besteigen will, weiß bei Zieldefinition noch nicht, wo seine Basislager sein werden. Der andere, dessen Ziel es ist, den K2 zu besteigen, kann im Moment der Zielfestschreibung schon sagen, wo seine Basislager, seine Meilensteine, sein werden.

Im Privaten ist es wie im Beruflichen: Wir alle sind für unser Leben, für unser Glück zu einem großen Teil selbst verantwortlich. Auch wenn teilweise externe Faktoren wie Glück, Pech, nicht vorhersehbare Entwicklungen oder einfach die „Gunst der Stunde" die Zielerreichung oder den Grad der Zielerreichung beeinflussen, so helfen uns klare Ziele unseren Weg zu finden. Der Bergsteiger kann das Wetter nicht beeinflussen, der Manager nicht die Marktentwicklung – aber dennoch kann ein jeder versuchen, bestimmte Entwicklungen vorherzusehen. Realistische *Ziele* und *Lebensziele*, die wir z. B. gemeinsam mit unserem Lebenspartner gefunden haben, helfen uns, unser Leben in selbst gewählten Bahnen und einem geplanten Zielkorridor zu führen. Auch hier wird es nicht ohne Korrekturen der Maßnahmen und möglicherweise sogar der Ziele gehen. Aber, Ziele müssen realistisch, anspruchsvoll und realisierbar sein. Wenn nicht nur das Ziel eindeutig definiert ist, sondern auch der Weg vorgezeichnet ist und damit das Ziel operationalisiert ist, dann sind Ziele auch zu erreichen. Und – wie schon an anderer Stelle gesagt – was ist schöner, als gemeinsam Ziele zu erreichen!

2.4 Zielformulierung und Zielverfolgung

Was nützt das schönste Ziel, wenn es nicht eindeutig formuliert ist und wenn wir nicht wissen, wann der Endpunkt, das Ziel wirklich erreicht ist. Da Ziele weitergegeben werden müssen und in einer Organisation verdichtet und zusammengefahren werden müssen, kommt der Semantik und der Formulierung eine besondere Bedeutung zu. Ein formuliertes Ziel muss klar sein, es darf keinen Spielraum für Interpretationen zulassen. Ziele sind nicht nur personenbezogen, sondern auch funktionsbezogen. Das heißt, dass ein funktionsbezogenes Ziel auch dann noch relevant ist, wenn z. B. eine bestehende Funktion von einem neuen Mitarbeiter besetzt wird. Der neue Mitarbeiter „committet" sich auf das existierende Ziel und macht es zu seinem. Er wird es aber nur tun, wenn das Ziel klar ist und er nachvollziehen kann, warum er es tut und worauf er sich einlässt.

Sie finden in der Management-Literatur viele Ansätze und „Merkhilfen" für die richtige Formulierung von Zielen und Zielvereinbarungen. Eine der gebräuchlichsten ist die SMART-Methode. Wir sind allerdings der Meinung, dass die „alte" SMART-Methode, nach der Ziele so formuliert werden, dass sie **s**impel, **m**essbar, **a**usführbar, **r**ealistisch und **t**erminiert sind, eine weitere wichtige Dimension nicht widerspiegelt, nämlich die Strategiekonformität, die horizontale und vertikale Vernetzung von Zielen. Alle Ziele und Zielvereinbarungen dienen dazu, den Fluss (STREAM) von Informationen, Aufgaben und Aktivitäten in einem Unternehmen zu kanalisieren und aus den wirklich großen strategischen Zielen und Visionen abzuleiten. Deshalb sollten bei der Formulierung die in Abbildung 4 genannten Kriterien berücksichtigt und überprüft werden:

Anhand dieser Kriterien überprüft und formuliert, halten alle Ziele die Organisation „im Fluss" und vermindern Reibungsverluste. Die Ziele sind kaskadenförmig aufgebaut, das eine Ziel bedingt das andere und strudelbildende Querströmungen werden minimiert. Nur in einschätzbarem Fahrwasser kann ein Unternehmen, eine Organisation ihren geplanten Kurs halten und langfristig erfolgreich sein.

S	*strategiekonform* – Ist das Ziel an den übergeordneten strategischen Zielen orientiert?
T	*terminiert* – Ist der Endzeitpunkt eindeutig festgelegt, wurde ein Datum vereinbart?
R	*realistisch* – Ist das Ziel unter den gegebenen Rahmenbedingungen erreichbar?
E	*einfach* – Ist das Ziel unmissverständlich formuliert und lässt es keinen Spielraum für Interpretationen zu?
A	*anspruchsvoll* – Ist das Ziel für den Mitarbeiter anspruchsvoll und fordert es ihn, ohne ihn zu überfordern?
M	*messbar* – Ist das Ziel quantitativ oder qualitativ objektiv messbar?

Abbildung 4: STREAM

Im vorangegangenen Kapitel haben wir geschrieben, dass das Instrument „Führen durch Zielvereinbarungen" in seiner gesamten Komplexität für die wichtigen Innovations- und Entwicklungsziele gedacht ist. Die klare Formulierung von Zielen, Zielvereinbarungen und Aufgaben ist jedoch für alle Tätigkeiten, auch die noch so kleinen, sinnvoll. Die genannten Beispiele sollen deutlich machen, dass Ziele und die Zielerreichung erst durch die exakte Nennung von Daten, Zahlen, Namen und Orten wirklich überprüfbar werden. Alle unter „Falsch" aufgelisteten Aufgabenstellungen lassen Raum für Interpretationen und Auslegungen zu. So drückt das Ziel „Bis Ende nächsten Jahres sind wir im spanischen Markt vertreten" keinerlei Quantitäten aus. Das Ziel wäre bereits erreicht, wenn nur ein Produkt im Dezember 2003 in den Markt eingeführt worden ist.

Falsch	Richtig
In diesem Geschäftsjahr müssen wir unseren Umsatz steigern.	Bis zum 31.12.2002 haben wir den Umsatz um 5 % erhöht.
Die Reklamationen sollten drastisch reduziert werden.	Die Reklamationen werden bis zum 31.07.2003 um 25 % gesenkt.
Die Fluktuation in der Marketingabteilung muss gesenkt werden.	Die Fluktuation in der Marketingabteilung wird in den nächsten 12 Monaten nicht höher als 10 % sein.
Das neue Projektmanagementsystem soll so etabliert sein, dass jeder damit arbeiten kann.	Das neue Projektmanagementsystem ist in den Abteilungen X und Y bis zum 15.07.02 voll funktionsfähig.
Bis Ende nächsten Jahres sind wir im spanischen Markt vertreten.	Bis Ende 2003 sind wir mit 3 Produkten und einem Marktanteil von 5 % im spanischen Markt vertreten.

Abbildung 5: Die Formulierung von Zielen

Die Aussage "Die Reklamationen sollten drastisch reduziert werden" ist ebenfalls nicht messbar, weil keine Quantität genannt wird. Darüber hinaus finden Sie das Verb im Konjunktiv. Das „sollten“ kann so ausgelegt werden, dass es lediglich schön wäre, wenn die Reklamationen reduziert würden. Die zwingende Notwendigkeit kommt nicht zum Ausdruck. Eine finale Formulierung wie "Bis zum 31.12.2002 *haben* wir unseren Umsatz um 5% erhöht" ist eindeutig quantifiziert und frei jeglichen Wunschdenkens. Die eindeutige Formulierung und Quantifizierung von Zielen ist aber nicht nur im „Innenverhältnis“ zwischen Führungskraft und Mitarbeiter wichtig, sondern bekommt eine besondere Bedeutung, wenn es um die Vernetzung von Zielen geht.

Wichtige strategische Ziele werden, aufgebrochen in Unterziele, von verschiedenen Abteilungen und Bereichen bearbeitet. Dort arbeiten wieder unterschiedliche Mitarbeiter gemäß ihrer Funktion an diesem Ziel. Das funktioniert aber nur reibungslos, wenn jeder Mitarbeiter genau weiß, was sein Ziel ist, was er genau bis wann zu erledigen hat. Die Delegation von Unter- und Teilzielen setzt voraus, dass dem „Delegationsempfänger“ alle Hintergründe und übergeordneten Ziele transparent sind. Sonst verliert der Mitarbeiter in der Aktivitätenplanung und -umsetzung die Orientierung und er ist nicht in der Lage, Prioritäten eigenständig und selbstverantwortlich zu setzen.

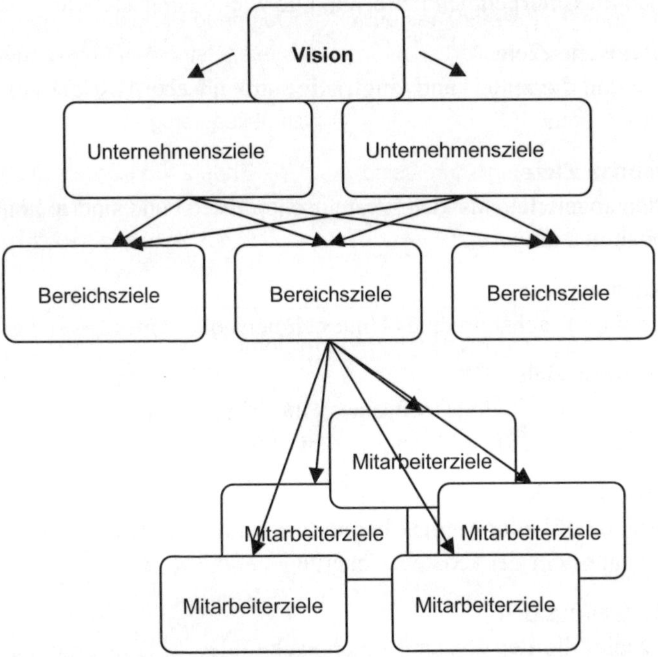

Abbildung 6: Von der Vision zum operativen Ziel

Je vielschichtiger ein Ziel ist, je mehr Einzelziele erreicht werden müssen, desto genauer muss die Zieldefinition sein. Aus einer Vision wird erst dann ein Ziel, wenn das Ziel durch Planung und Beschreibung des Weges operationalisiert ist und die Meilensteine feststehen. Für die Motivation und Identifikation Ihrer Mitarbeiter tut es ein Übriges. Jeder Einzelne weiß zu jedem Zeitpunkt, wo er im Zielprozess steht und inwieweit er zum Gesamtergebnis, zur Erreichung des „großen“ Zieles beiträgt.

Wir haben bis jetzt relativ unspezifisch den Begriff „Ziel“ benutzt, ohne darauf einzugehen, dass es, aus dem eigentlichen Ziel abgeleitet, unterschiedliche Zielarten gibt. Sie unterscheiden sich sowohl in Bezug auf die benötigte Zeit, als auch auf das Ergebnis, das sie zum Gesamtergebnis eines Unternehmens beisteuern und auf den Bereich, den sie im Unternehmen betreffen. Die wichtigsten Zielarten sind:

Strategische Ziele
bestimmen die mittel- und langfristige strategische Ausrichtung eines Unternehmens.

Operative Ziele
werden abgeleitet aus den strategischen Zielen und sind in konkrete Maßnahmen umgesetzt.

Expansionsziele
tragen zum Wachstum eines Unternehmens oder eines Bereiches bei.

Innovationsziele
sichern die Innovationskraft eines Unternehmens durch die Entwicklung neuer Produkte oder Dienstleistungen.

Erhaltungsziele
dienen der Erhaltung eines bereits erreichten Zustandes, des Qualitätsniveaus oder der Existenzsicherung

Optimierungsziele
sind Ziele, die den Zustand einer Sache oder Abläufe innerhalb der Organisation verbessern.

Marktorientierte Ziele
beziehen sich auf die Position des Unternehmens in den Märkten, in denen es sich bewegt.

Qualitätsziele
erhöhen bzw. sichern Qualitäten von Produkten oder von Abläufen und Prozessen.

Mitarbeiterziele
sind Ziele, die sich mit der Qualifikation und der Weiterentwicklung von Mitarbeitern oder ihrer Arbeitsplatzzufriedenheit befassen.

Personale Ziele
beschäftigen sich mit dem quantitativen Personalstand und der Personalentwicklung.

Betriebswirtschaftliche Ziele
definieren die betriebswirtschaftlichen Kennziffern wie Umsatz, Gewinn, Liquidität, Aktienkurse etc.

Soziale Ziele
sind bezogen auf das „Miteinander" von Menschen und die Sicherung bzw. den Ausbau sozialer Stati.

Alle genannten Zielarten können im Hinblick auf den Zeitraum, in dem sie relevant sind, sehr unterschiedlich ausgeprägt sein. Deshalb unterscheiden wir hier noch zusätzlich:

Einmaliges Ziel
dieses Ziel wird wirklich nur einmal vereinbart. Eine Wiederholung ist nicht abzusehen.

Periodenziele
beziehen sich auf einen bestimmten Zeitabschnitt oder kehren periodisch wieder.

Dauerziele
müssen nicht immer wieder neu definiert und vereinbart werden. Sie bestimmen die Routinearbeit der Mitarbeiter.

Auch wenn die Ausrichtung dieser Zielarten sehr unterschiedlich sind, so haben sie doch eines gemeinsam: Wenn sie definiert und vereinbart werden, haben sie die gleiche Verbindlichkeit und eine eindeutige Messbarkeit durch festgelegte Qualitäten oder Quantitäten.

Viele Ziele in Organisationen sind nicht nur vernetzt, sondern stehen auch in direkter Abhängigkeit zueinander. Soll heißen: Ein Bereich kann mit einer bestimmten Aufgabe erst beginnen, wenn ein anderer Bereich oder Mitarbeiter sein Ziel erreicht hat. Deshalb ist es wichtig, dass die jeweils involvierten Bereiche immer wissen, wo der andere Bereich steht. Aber eines wollen wir verhindern: Es kann und darf nicht sein, dass die Zielverfolgung in einen unnötigen Kommunikationsprozess ausufert, wo jeder jedem ständig mitteilt, wo er gerade in seinem persönlichen Zielkorridor steckt und in endlosen Meetings alle auftretenden Schwierigkeiten diskutiert werden. Nein. „Führen durch Zielvereinbarungen" basiert auf dem Prinzip des selbstverantwortlichen Mitarbeiters. Das Ziel ist vereinbart, der Zielkorridor beschrieben und die Meilensteine sind gesetzt. Nun ist der Mitarbeiter dafür verantwortlich, sein Ziel zu erreichen und auch bei auftretenden Schwierigkeiten eigenständig Lösungen zu erarbeiten.

Wenn Sie durch Zielvereinbarungen führen und delegieren, sollten Sie Ihren Mitarbeitern vertrauen. Sie haben nicht die Zeit – und Ihre Mitarbeiter auch nicht – ständig zu hinterfragen, wie es um die Realisierung der einzelnen Ziele steht. Ermuntern Sie Ihre Mitarbeiter, Sie nur zu informieren, wenn Abweichungen von der ursprünglichen Planung drohen. Es ist sehr pragmatisch, aber hören Sie nichts, können Sie davon ausgehen, dass alles wie geplant abläuft. Natürlich, Sie müssen Ihren Mitarbeitern vertrauen, Sie müssen auch wissen, wieviel Vertrauen Sie jedem einzelnen Mitarbeiter entgegenbringen können, inwieweit er das Commitment zur „freiwilligen Selbstverantwortung" einhält. Wenn Sie unsicher sind, wieviel selbstverantwortliches Handeln Sie einem Mitarbeiter zutrauen können, dann setzen Sie die Meilensteine und die damit verbundenen Rücksprachetermine etwas enger. Bei *nicht angekündigten* Abweichungen können Sie dann frühzeitiger korrigierend eingreifen. Somit liegt die Zielverfolgung nicht in Ihren Händen, sondern in denen Ihrer Mitarbeiter. Sie werden sehen, das spart Zeit und die Mitarbeiter sind ob ihres selbstverantwortlichen Handelns motivierter denn je. Ach ja, verlässt ein Mitarbeiter sein „Spielfeld“, überschreitet er Kompetenzen oder Budgets, so ist das mehr als nur ein Vertrauensbruch! Unabhängig von der Methode „Führen durch Zielvereinbarungen“ zieht ein solches Verhalten klare Konfliktgespräche und natürlich Vertrauensentzug nach sich. Und da, wo „Führen durch Zielvereinbarungen“ an ein Prämiensystem gekoppelt ist, gibt es keine Prämie. In diesem Zusammenhang möchten wir noch einmal darauf hinweisen, dass ein Ziel dann und nur dann als erreicht gilt, wenn es innerhalb des vereinbarten Zielkorridors, ohne Überschreitungen der vereinbarten Rahmenbedingungen und bis zu dem vereinbarten Zeitpunkt erreicht worden ist.

Über eines müssen Sie sich allerdings auch im Klaren sein: Es gibt Mitarbeiter, die sich gerne, wo es eben geht, Puffer einbauen und so ihr persönliches Ziel unter fast luxuriösen Rahmenbedingungen erreichen. Sie schöpfen weder die vereinbarten Ressourcen, noch den Zeitrahmen aus. Wir haben an anderer Stelle geschrieben, Ziele müssen anspruchsvoll sein. Anspruchvoll für den Mitarbeiter und anspruchsvoll für das Unternehmen – sonst ist keine Weiterentwicklung möglich. Wenn Sie das Gefühl haben, ein Mitarbeiter schöpft *bewusst* sein Potential nicht aus, gilt es die Gründe dafür in einem Konfliktgespräch zu eruieren, ihn enger zu führen und auch hier Meilensteine und Teilziele enger zu setzen. Durch die engere Taktung von Teilzielen nehmen Sie dem Mitarbeiter die Möglichkeit, luxuriös zu planen, weil die einzelnen Planungsabschnitte kürzer sind. Darüber hinaus können Sie dann die Rahmenbedingungen für die Erreichung der nächsten Meilensteine anpassen – und zwar nach unten. Auch bei kooperativer Führung sind angemessene Konfliktgespräche über Fehlleistungen oder Fehlverhalten ein Bestandteil der täglichen Führungspraxis. „Führen durch Zielvereinbarungen“ erleichtert diese Gespräche jedoch durch den *Vereinbarungscharakter* der Ziele und die Transparenz bezüglich der Notwendigkeit der Zielerreichung.

„Führen durch Zielvereinbarungen" ist ein hervorragendes Führungsinstrument, um Mitarbeiter zum selbstverantwortlichen Handeln zu motivieren, ohne dass die Führungskraft die „Kontrolle" verliert, weil zum Zeitpunkt der Zieldefinition alle Kriterien eindeutig festgelegt werden. Allerdings funktioniert es unter dem Gesichtspunkt der Leistungssteigerung des einzelnen Mitarbeiters nur dann, wenn wirklich mit *Zielvereinbarungen* und nicht mit *Zielvorgaben* gearbeitet wird.

2.5 „Führen durch Zielvereinbarungen“ – Führungs- und Planungsinstrument

„Führen durch Zielvereinbarungen“ ist aber nicht nur ein praktikables Führungsinstrument, sondern „Führen durch Zielvereinbarungen“ ermöglicht etwas, was in unserer heutigen Zeit immer wichtiger wird: exakte Planung. Märkte werden dynamischer, der Wettbewerbsdruck steigt, „global player“ beherrschen zunehmend auch lokale Teilmärkte und die Margen werden geringer. Um langfristig erfolgreich zu sein, ist nicht nur die richtige Strategie notwendig, sondern auch die richtige Umsetzung der richtigen Strategie. Und richtig bedeutet hier konsequent, zielorientiert und planvoll. Ein vernetztes Zielsystem lässt bereits sehr frühzeitig eine realitätsnahe Planung zu:

1. Zielvereinbarung
Die Detailplanung ist erstellt, die Schritte und Meilensteine zur Zielerreichung sind definiert.

2. Zielrückmeldung
Das festgeschriebene Ziel wird mit seinem Endtermin ins Zielsystem zurückgegeben. Hier beginnt die vernetzte Planung.

3. Realisierung
In dieser Phase wird das Ziel bearbeitet. Die Erreichung der Meilensteine wird durch den Mitarbeiter kontrolliert und lediglich bei Abweichungen muss informiert werden.

4. Zielerreichung
Abgleich mit dem ursprünglichen Ziel und Rückmeldung des Grades der Zielerreichung ins Zielsystem.

Die Planung kann also bereits in der Phase beginnen kann, wo das Ziel verbindlich vereinbart wurde. Hier wird aber auch deutlich, wie wichtig es ist, dass Ziele eindeutig formuliert sind (STREAM) und auch tatsächlich erreichbar, das heißt realistisch sind. Dieser daraus resultierende Zeitvorsprung und die Verlässlichkeit der Planung machen so auch sehr große Unternehmen sicher planbar.

Wenn wir hier über Planung und Planungshorizonte reden, so ist natürlich nicht nur die Planung des laufenden und vielleicht nächsten Geschäftsjahres gemeint. Wichtig für den Erfolg eines Unternehmens ist die mittel- und langfristige Planung. Vor nicht allzu langer Zeit, etwa Mitte bis Ende der 80er Jahre, galt als Zeithorizont für eine solide mittelfristige Planung ein Zeitraum von 5 Jahren und für die langfristige Planung ein Zeitraum von 10 Jahren. Diese Zeiträume sind in der heutigen Zeit unrealistisch und definitiv nicht planbar. Deshalb gehen wir heute von einer Zeitspanne von 3 Jahren für mittelfristige und 5 bis 6 Jahre für langfristige Planung aus. Aber die Planung kann noch so gut sein. Durch zunehmende Internationalisierung, Globalisierung der Weltmärkte und tiefgreifende ökonomische Abhängigkeiten von Wirtschaftssystemen untereinander, wird es immer mehr Ereignisse geben, die zwar ursächlich nur ein Land betreffen, durch aber eben diese internatonalen Verbindungen die gesamte Weltwirtschaft tangieren. Nehmen Sie als Beispiel den 11. September 2001. Dieser grausame und mörderische Terroranschlag hat die Welt verändert und wird sie auch langfristig noch beeinflussen.

Gerade in solchen Zeiten treten immer wieder Kritiker auf den Plan, die solche Ereignisse zum Anlass nehmen, um zu behaupten, Planung sei unmöglich und das einzig Richtige sei die Akzeptanz des unplanbaren Chaos. Für uns ist dies unproduktiver Fatalismus, der in Unternehmen dazu führt, von der Handlungsebene, dem Agieren in die abwartende Reaktion zu verfallen. Reagierend kann jedoch niemand prospektiv ein Unternehmen steuern. Lassen Sie sich nicht beirren! Bei der Planung ist es wie bei den Entscheidungen. Eine schlechte Planung ist immer noch besser als keine Planung. Niemand kann die Zukunft vorhersagen, niemand ist in der Lage, vorauszusagen, wie unsere Welt in 10, 20 oder 50 Jahren aussehen wird. Dennoch sind wir in der Lage auf Basis unserer Erfahrungen gewisse Entwicklungen und Tendenzen zu antizipieren und daraus Szenarien zu entwickeln. Apropos Szenarien – das Denken und Handeln in Abhängigkeit von Szenarien, die Entwicklungen in unterschiedlichem Ausmaß berücksichtigen und die Chancen und Risiken der Zukunft bewerten, ist eine wunderbare Form der Planungsgrundlage. Ute von Reibnitz bietet hier hervorragende Seminare und hat eine Reihe von interessanten Veröffentlichungen geschrieben.

Ein altes chinesisches Sprichwort sagt: *„Besser als der Plan eines Einzelnen ist der Plan von zweien."* Im übertragenen Sinne findet genau das bei „Führen durch Zielvereinbarungen" statt. Nicht einer oder eine kleine Gruppe beschließt die Ziele für ein Unternehmen, sondern alle am Zielprozess Beteiligten entwickeln jeder für sich „kleine" Szenarien, um die Erreichbarkeit der individuellen Ziele zu verifizieren. Dadurch findet während des Zielabgleichs auch ein Abgleich dieser Szenarien statt und durch die unterschiedlichen Sichtweisen wird eine solidere Planungsbasis geschaffen. Jeder Einzelne bewertet für sich und seinen Verantwortungsbereich die Chancen und Risiken, die möglicherweise die Zukunft bringen.

Delegation und Zielvereinbarungen

Delegation ist auch ein kommunikativer Prozess. Kommunikation ist immer nur dann effektiv und effizient, wenn alle am Prozess Beteiligten „die gleiche Sprache" sprechen und die Grundregeln der Kommunikation beachten. Klare Diktion, aktives Zuhören und Offenheit zum Dialog sind die Faktoren, die ein Gespräch erfolgreich werden lassen. Im Rahmen der Delegation wird über teilweise sehr komplexe Sachverhalte geredet. Um hier sicher zu sein, dass während und insbesondere nach dem *Zielgespräch,* in dem die Realisierung der Ziele überwiesen und delegiert wird, sowohl Sender als auch Empfänger den gleichen Wissensstand haben und exakt wissen, was zu tun ist, sollten alle Aufgaben und Tätigkeiten klar und unmissverständlich als terminiertes Ziel definiert werden. „Führen durch Zielvereinbarungen" ist das Fundament der erfolgreichen Delegation.

3. Die richtige Gewichtung von Aufgaben und Zielen

Priorisiere Deine Aufgaben – sonst tun es andere Für Dich!

Vorab ein paar grundlegende Gedanken zu Aufgaben und Zielen. Jeder Mensch muss seine Ziele und Aufgaben gewichten und priorisieren. Das gilt sowohl im privaten wie auch im beruflichen Umfeld. Je klarer Ihnen ist, welche Wichtigkeit und Dringlichkeit bestimmte Aktivitäten haben, desto leichter fällt es Ihnen, über den Einsatz von Ressourcen zu entscheiden. Im beruflichen Arbeitsalltag ist es natürlich so, dass nicht jeder seine Tätigkeiten selbst priorisieren kann und individuell für sich entscheidet, was wichtig oder unwichtig ist. Die Reihenfolge und der Nachdruck, mit dem eine Arbeit erledigt wird, werden durch Funktion, eine Stellenbeschreibung und natürlich Zielvereinbarungen geregelt. Wir sind also nicht frei in unseren Entscheidungen, sondern sind eingebettet in eine Organisation und ihre Abläufe.

Da wir aber Menschen sind und jede rationale Entscheidung auch durch Emotionen beeinflusst wird, spielt neben dem „Können" und „Wollen" auch das „Mögen" eine wichtige Rolle. Sie kennen das: Tätigkeiten, die sie gern tun, gehen Ihnen leicht von der Hand, Ergebnisse sind schnell erreicht und Entscheidungen, die gefällt werden müssen, fallen leicht. Anders ist es bei Arbeiten, die man einfach erledigen muss, weil sie getan werden müssen. Allein das Anfangen fällt schwer. Nichts geht leicht von der Hand, zu allem muss man sich zwingen. Gerne schieben wir solche Tätigkeiten auch auf – vielleicht erledigen sie sich ja von selbst. Und dann passiert das Unausweichliche: Die Aufgabenstellung muss auch noch unter Zeitdruck erarbeitet werden. Dann verfliegt auch noch der letzte Rest Spaß. Aus diesem Grunde sollten Sie versuchen, den Einfluss des „Möchten" möglichst zu minimieren und ausschließlich in den Kategorien „Können" und „Wollen" zu denken. Natürlich spielt das „Mögen" eine ganz wichtige Rolle in Ihrem Berufsleben. Wir gehen davon aus, dass Sie sich Ihren Beruf selber ausgewählt haben und ihn auch ausüben *möchten.* Wenn das so ist, dürfte der Anteil der Arbeiten, die sie nicht *mögen*, nicht höher sein als ca. 20 %. Ansonsten sollten Sie Ihre jetzige Funktion nach der Devise „Love it, change it or leave it" überdenken.

Eine ganz besondere Bedeutung erhält die Beachtung der emotionalen Aspekte bei der Delegation, der Übertragung von Aufgaben an Mitarbeiter. Wer ständig *ungeliebte* Tätigkeiten *wegdelegiert,* vermittelt seinen Mitarbeitern gegenüber den Eindruck, selber zu schade für diese Aufgabe zu sein.

„Wer sich zu groß fühlt, um kleine Aufgaben zu erfüllen, ist zu klein, um mit großen Aufgaben betraut zu werden." (Jacques Tati)

In diesem Zitat steckt sehr viel Weisheit und Wahrheit. Bedeutet es doch nichts anderes, als dass es einem jeden Manager gut zu Gesichte steht, auch mal selbst zu kopieren, selbst Kaffee zu kochen und auch einmal selbst ein Sitzungsprotokoll zu übernehmen. Diese kleinen Tätigkeiten können groß in ihrer Wirkung sein, denn es geht nicht um die eigentliche Erledigung der Arbeit und den Einsatz von Zeit, sondern diese Führungskraft ist Vorbild und zeigt Nähe, Loyalität und Teamgeist. Diese Kriterien sind wichtig für die „Sozialhygiene" in einer Abteilung, in einem Bereich. Nur wer selbst in der Lage ist, Loyalität und Teamgeist zu zeigen, darf diese auch erwarten!

Beachten Sie grundsätzlich bei der Übertragung von Aufgaben sowohl die Funktion des Mitarbeiters, seine Eignung, als auch seine emotionale Einstellung gegenüber bestimmten Tätigkeiten. Nicht alle Mitarbeiter lehnen emotional in gleichem Maße bestimmte Tätigkeiten ab. Jeder Mitarbeiter ist anders, die einen lehnen etwas innerlich ab und brauchen für die Erledigung sehr viel Zeit, andere machen es gerne und sind dadurch sehr effektiv. Entscheidend aber für den reibungslosen Ablauf ist, dass Wichtigkeit und Dringlichkeit von Aufgaben klar sind und keine Missverständnisse aufkommen. Wichtig ist noch lange nicht dringlich und dringlich nicht immer wichtig. Gehen Sie bestimmt mit diesen Wörtern um, bei jeder Aufgabenstellung muss klar sein, ob sie dringlich ist, wichtig oder beides.

3.1 Ist wichtig gleich dringend und umgekehrt?

Zu Beginn ein Beispiel, dass eindrucksvoll belegt, wie die Begriffe „wichtig“ und „dringend“ *qua Hierarchie* ad absurdum geführt werden können. Und nebenbei, auch Ihnen werden sicherlich Beispiele einfallen, wo durch einen Durchgriff einer in der Hierarchie hochgestellten Persönlichkeit plötzlich Dinge wichtig und dringend wurden, die eigentlich bis zu diesem Zeitpunkt vollkommen zielkonform und in geregelten Bahnen abliefen. Ort des Geschehens ist ein großer Chemiekonzern im Rheinland. Ein Vorstandsmitglied fuhr täglich auf dem Weg in sein Büro unter einer Brücke durch, die Teile des Werksgeländes verband. Diese Brücke führte über eine öffentliche Bundesstraße und wurde regelmäßig mit Werbung für Produkte des Unternehmens versehen. Eines schönen Tages, unser Vorstandsmitglied fuhr gerade mit einem seiner Söhne auf dem Weg zur Schule unter dieser Brücke durch, sagte der Sohn zum Vater: „Das ist aber eine komische Werbung!“ Dieser kleine unreflektierte Satz, der an Inhaltsschwere kaum zu überbieten war, trat eine Lawine los. Das Vorstandsmitglied rief *direkt* den für diese Werbung Verantwortlichen an und teilte ihm mit, dass ihm und seinem Sohn die betreffende Werbung nicht gefiele – nicht mehr, aber auch nicht weniger! Nebenbei sei bemerkt, dass die Werbung selbstverständlich dem abgestimmten Werbekonzept entsprach und vor nicht allzu langer Zeit, ebenfalls mit allen verantwortlichen Stellen abgestimmt, dort angebracht worden war.

Die betroffenen Stellen ließen alles stehen und liegen, setzten kurzfristig Meetings an und beratschlagten, was denn nun zu tun sei – denn immerhin bestand die Gefahr, dass nicht nur Kindern von Vorstandsmitgliedern die Werbung nicht gefällt, sondern auch den normalen Verbrauchern. Kurz und gut, innerhalb weniger Tage war die Werbung verschwunden und ersetzt durch Werbung für ein anderes Produkt. Wir brauchen nicht zu erwähnen, welchen immensen Kosten- und Ressourceneinsatz dieser eine Satz verursacht hat. Was war geschehen? Wenn nicht gerade ein Vorstandsmitglied diese Kritik geäußert hätte, sondern jemand anderer, hätte der für die Werbung Verantwortliche höchstwahrscheinlich bereits im ersten Gespräch die Kritik entkräftet. Denn jedes Werbekonzept, jede Werbung wurde in diesem Unternehmen eingehend in der Zielgruppe auf Erinnerung, Gefallen und Wirksamkeit getestet – so natürlich auch diese Werbung. Die Ergebnisse waren gut, die Kampagne lief hervorragend und die Produkte verkauften sich zufriedenstellend. Werbung muss nicht gefallen, sondern verkaufen. Ach ja, im Übrigen gehörte der Junge auch nicht zur Kernzielgruppe und wir wissen bis zum heutigen Tage nicht, ob das Vorstandsmitglied nur sagen wollte, dass ihm *persönlich* die Werbung nicht gefällt oder ob er wirklich wollte, dass sie ausgetauscht wird.

Ein kleine Bemerkung löste somit einen Aktionismus aus, der rational nicht zu begründen war. Die Aussage bekam durch den, der sie geäußert hat, nicht nur Wichtigkeit, sondern auch höchste Dringlichkeit. Das bedeutet für jede Führungskraft, vorsichtig mit Wörtern wie „wichtig“ und „dringend“ umzugehen und sich bewusst zu sein, dass auch Bemerkungen, die vielleicht nur unbedacht und spontan geäußert wurden, für den Empfänger eben diese Wichtigkeit bekommen können, die dazu führt, dass Mitarbeiter in bloßen Aktionismus verfallen. Seien Sie sensibel und versuchen Sie immer zu bedenken, welche Interpretationen Ihre Bemerkungen und Aussagen beim Empfänger zulassen. Missverständnisse verhindern Sie durch klare Diktion und das Einholen von Feedback. Die Diktion unseres Vorstandsmitgliedes war auch nicht klar und ließ einen Interpretationsspielraum von „gefällt mir nicht“ bis „ich will, dass die Werbung sofort verschwindet“ zu. Unglücklicherweise hat der Werbeleiter versäumt, Feedback zu geben und einfach ob der vermeintlichen Dringlichkeit gehandelt. Wer weiß, vielleicht hat der Vorstand sich sogar gewundert, warum die Werbung ausgetauscht worden ist!

Ist wichtig immer wirklich wichtig?

Für ein Individuum sind alle Dinge wichtig, die das Überleben sichern und die die Grundbedürfnisse befriedigen. Bezogen auf ein Unternehmen bedeutet das, dass alles wirklich wichtig ist, was die Erhaltung, Entwicklung und die Zukunft dieses Unternehmens sichert. So weit, so gut. In der Realität wird die Wichtigkeit einer Sache, einer Aktivität oder einer Aufgabe sehr stark von der subjektiven Einschätzung des Einzelnen beeinflusst. Das, was für den einen wichtig ist, kann für den anderen von untergeordneter Bedeutung sein. Weiterhin kommt für jeden im Arbeitsprozess stehenden noch eine weitere Dimension hinzu, nämlich die Wichtigkeit von Aufgaben und Ereignissen für die eigene Person. Folglich bestimmen zwei Fragen die tatsächliche Wichtigkeit:

Ist das wichtig für das Unternehmen?

Ist das wichtig für den Mitarbeiter?

Fatalerweise sind die Antworten nicht zwingend deckungsgleich, denn das, was für den einzelnen Mitarbeiter wichtig ist, ist möglicherweise für das Unternehmen vollkommen unwichtig. So ist z. B. die Beförderung eines Mitarbeiters für ihn persönlich und für sein Weiterkommen von großer Wichtigkeit, die Zukunft des Unternehmens ist dadurch allerdings nicht gesichert. Wichtig für ein Unternehmen ist aber ein Entwicklungsprogramm für Mitarbeiter, weil dadurch sehr wohl das Leistungspotenzial einer Unternehmung beeinflusst wird. Sie sehen, mit der Wichtigkeit ist es wirklich nicht so einfach. Wichtig ist nicht gleich wichtig – es kommt auf den Standpunkt an.

Man kann auch versuchen, den Grad der Wichtigkeit einer Aufgabe, über das Prinzip der Opportunitätskosten zu bestimmen: Was passiert, oder was kostet es mich, wenn ich etwas nicht tue? Sind die Auswirkungen gravierend oder kostenintensiv, ist die Wichtigkeit hoch, sind die Auswirkungen gering, kann die Aufgabe nicht wichtig sein. Es scheint, als wären wir auf die individuelle und subjektive Einschätzung von Wichtigkeit angewiesen und es gäbe keine andere Möglichkeit. Viele Wissenschaftler haben sich mit dieser Begrifflichkeit auseinandergesetzt. So schrieb der Psychologe William James: *„Ein Ding ist dann wichtig, wenn irgendjemand denkt, dass es wichtig ist“*. Es ist wie in unserem Beispiel – der Werbeleiter *denkt*, es ist wichtig und es wurde wichtig. Aber wie entkommen wir diesem Dilemma, wie können wir die Wichtigkeit von Aufgaben, von Entwicklungen auf neutralen Boden stellen?

Es geht nur, in dem Sie über eine möglichst objektive Bewertung, durch den Abgleich mit den strategischen und operativen Zielen und der Einschätzung von antizipierten Entwicklungen und Szenarien, die Wichtigkeit verifizieren. Das heißt, es ist nur etwas wichtig, wenn es dazu beiträgt, definierte und formulierte Ziele zu erreichen. Dient es nicht der unmittelbaren Zielerreichung, kann und darf es nicht wichtig sein! Das gilt gleichermaßen für ein Individuum als auch für eine Organisation. Wenn Sie konsequent Aufgaben anhand dieser Parameter überprüfen und bewerten, wird es Ihnen auch gelingen, vermeintliche Wichtigkeiten zu identifizieren und abzufedern – aber, lassen Sie diese Bewertung auch durch Ihre Mitarbeiter zu! Natürlich funktioniert dieses Wertesystem nur so lange, wie rational, durch Logik und Vernunft gesteuert, entschieden wird. Manchmal haben wir einfach „Lust", bestimmte Aufgaben zu erledigen – dann setzt die Vernunft aus, unsere Prioritäten ausschließlich an den Zielen zu orientieren. Wichtig ist dann nur, sich diesen „Spaßfaktors" bewusst zu sein und die Konsequenzen in Bezug auf die wirklich wichtigen Tätigkeiten realistisch abzuschätzen.

Alles ist dringlich – oder was?

Wir leben in einer Zeit, wo der Faktor Zeit ein knappes Gut ist und Schnelligkeit oftmals über Erfolg oder Misserfolg entscheidet. Deshalb kommt dem Wort „Dringlichkeit" in unserer Arbeitswelt eine ganz besondere Bedeutung zu. Zeitdruck bestimmt unser Arbeiten, der Eindruck drängt sich auf, alles ist eilig, dringlich und muss sofort getan werden. Mit der Dringlichkeit ist es aber ähnlich wie mit der Wichtigkeit. Auch hier ist es primär eine individuelle, subjektive Entscheidung.

Sie kennen das: Der Vertriebsleiter hastet über den Flur und ruft einem Mitarbeiter zu: „Ich brauche mal eben die Verkaufszahlen des letzten Quartals!" Oha, jetzt geht es los mit der Entscheidungskaskade. Da wir es hier nicht mit einer eindeutigen Zielformulierung und Aufgabenstellung zu tun haben, sind vielerlei Interpretationen möglich. Also muss der Mitarbeiter fragen: Gehört diese Aufgabe in meinen Aufgabenbereich, liegen die Zahlen vielleicht an anderer Stelle vor? Bedeutet „mal eben“ sofort, in zwei Stunden, bis morgen oder bis wann? Sind die Gesamtverkaufszahlen gemeint, auf Regionen heruntergebrochen oder sogar bezogen auf den einzelnen Außendienstmitarbeiter? Ist die Aufgabe so dringlich, dass ich alles andere liegen lassen soll? Was passiert eigentlich, wenn ich es nicht tue oder nicht sofort? Es ist klar, dass es wichtig ist, seine Verkaufszahlen zu kennen – soweit zur grundsätzlichen Wichtigkeit. Aber muss es jetzt sofort sein?

Ähnlich wie bei der Wichtigkeit werden Sachverhalte häufig dringend durch denjenigen, der sie braucht und haben möchte. Der Duden beschreibt dringend als *„keinen Aufschub duldend“*. Also lässt der Zeitrahmen, in dem etwas geschehen soll, keinen Spielraum mehr zu – es muss sofort geschehen! Wenn wir uns an diese enge Definition halten, dürften eigentlich nur wenige Dinge eine solche Dringlichkeit erhalten. Setzen wir voraus, dass der normale Arbeitsablauf weitestgehend geplant ist, können Momente von tatsächlicher Dringlichkeit nur in Krisen und Notfällen auftreten. Oder natürlich bei Fehlplanungen, also hausgemachten Krisen. Und hier liegt der Hauptgrund für zu häufige Dringlichkeit. Zurück zum Vertriebsleiter. Warum braucht er die Zahlen so plötzlich? Hat er vielleicht vergessen, dass er sie heute braucht? Macht er das bewusst so kurzfristig, weil er weiß, dass er sie immer schnell bekommt? Oder war es der berühmte Durchgriff von oben, der Geschäftsführer braucht heute die Zahlen?

Wir möchten hier nichts beschönigen und uns nicht in realitätsferner Theorie ergehen. Nein, es wird sie immer geben, die dringlichen Aufgaben. Uns geht es darum, deutlich zu machen, dass Dringlichkeit und überhastetes Handeln in vielen Fällen durchaus verhindert werden kann, sofern betriebliche und organisatorische Abläufe gewisse Dringlichkeiten nicht unumstößlich vorgeben. So wird die Dringlichkeit der Tagespost dadurch bestimmt, dass die Post bis 15 Uhr in der Poststelle sein muss. Für die Organisation bedeutet das, dass ab ca. 14 Uhr der gesamte Postausgang dringend wird, und zwar unabhängig von der Wichtigkeit. Aber auch hier hilft, die wichtigen und dringenden Schriftstücke zuerst zu erledigen und auch hier nach Prioritäten vorzugehen. Wenn dann etwas liegen bleibt, können es nicht die wichtigen *und* dringenden Dinge sein.

Planvolles Handeln minimiert das Chaos. Strukturiertes Arbeiten und das Einhalten von Arbeitsabläufen ebenso. Viele Dinge werden plötzlich dringlich, weil sie vergessen wurden oder einfach zu spät weitergegeben wurden. Und noch etwas, bestimmte Dinge erhalten im Verlauf der Zeit zunehmende Wichtigkeit und Dringlichkeit, weil sie noch nicht erledigt sind. Andere Aufgaben, die eigentlich wichtiger gewesen wären, bleiben dann liegen, um die Altlasten abzuarbeiten und werden dadurch zeitlich auch wieder notleidend. So beißt sich die Katze in den Schwanz und die Kaskade der sich verändernden Dringlichkeiten lässt sich endlos fortführen. Achten Sie darauf, Dinge gemäß ihrer Wichtigkeit sofort zu erledigen bzw. zu delegieren und entscheiden Sie *sofort* wer, was und bis wann erledigt haben muss. Versehen Sie Aufgaben und geplante Aktivitäten *sofort* mit Prioritäten und handeln Sie auch danach. Das gilt für Sie ebenso wie für Ihre Mitarbeiter.

3.2 Die Priorisierung von Aufgaben und Tätigkeiten

Wichtige Dinge sind nicht immer im gleichen Maße wichtig, dringliche Dinge nicht immer gleich dringend und wirklich wichtige Dinge nicht immer im gleichen Maße dringend. Die beiden Dimensionen *Wichtigkeit* und *Dringlichkeit* können Ihnen aber helfen, diese Dinge zu priorisieren und ihnen dadurch eine gewisse Rangfolge zu verleihen, in der sie nacheinander oder parallel abgearbeitet werden. Insbesondere für die Delegation von Aufgaben und deren Kontrolle, ist die Priorität von Aktivitäten besonders wichtig.

Die folgende Abbildung geht auf das, nach dem amerikanischen General und späterem Präsidenten Dwight D. Eisenhower genannte, *Eisenhower-Prinzip* zurück. Eisenhower hat bereits als General nach

Möglichkeiten gesucht, Entscheidungen fundiert und schnell zu treffen. Er kam zu dem Schluss, dass alle Tätigkeiten in Bezug auf ihre Priorität von den Dimensionen Wichtigkeit und Dringlichkeit bestimmt werden und diese Dimensionen neutral beurteilt werden können. Getroffene Entscheidungen erhalten durch die definierte Priorität Transparenz und Nachvollziehbarkeit.

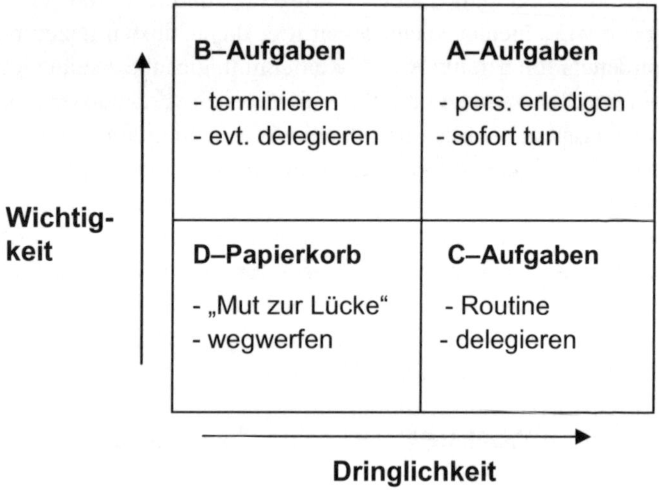

Abbildung 7: Eisenhower-Prinzip

Wie überliefert ist, hat Eisenhower selbst stringent nach diesem Prinzip gearbeitet und ebenso von allen Mitarbeitern verlangt, grundsätzlich alle Aufgaben folgenden Gruppen zuzuordnen:

A–Aufgaben ⇨ Aufgaben, die sowohl wichtig als auch eilig sind

B–Aufgaben ⇨ Aufgaben, die wichtig, aber nicht eilig sind

C–Aufgaben ⇨ Aufgaben, die eher unwichtig, dafür aber eilig sind

D–Aufgaben ⇨ Aufgaben, die unwichtig und nicht eilig sind

A-Aufgaben sind sofort und persönlich zu erledigen, da sie entscheidend zur Erreichung der strategischen Ziele beitragen. Das sind die Aufgaben, an denen auch Ihr Erfolg und Misserfolg gemessen werden wird. Deshalb werden Aufgaben dieser Priorität *keinesfalls* delegiert. B-Aufgaben haben eine ähnliche Wichtigkeit, der Zeitdruck ist nur geringer. Diese Aufgaben werden terminiert und können durchaus – oder Teile von ihnen – delegiert werden. Da sie aber für Sie und das Unternehmen von großer Wichtigkeit sind, bleibt die Verantwortung voll bei Ihnen. C-Aufgaben sind z. B. typische und wiederkehrende Routineaufgaben, die nicht besonders wichtig, aber dennoch in einem gewissen Zeitrahmen getan werden müssen. Sie sind die klassischen Aufgabenstellungen für eine Delegation mit voller Übertragung der Verantwortung. Eines unserer Lieblingsthemen in den Seminaren, die wir zum Thema Delegation und Priorisierung von Aufgaben durchführen, ist der Umgang mit den D-Aufgaben. Die D-Aufgaben sind die Tätigkeiten, die weder wichtig, noch eilig sind. Sie sind einer der größten Zeitdiebe in Unternehmen, weil sich ganze „Heerscharen" von Mitarbeitern und Führungskräften mit solchen Aufgaben beschäftigen. Wissen Sie, was der Hauptgrund für diesen Aktionismus ist? Es ist Unsicherheit und Angst – nämlich die Angst, etwas vergessen zu haben, auf eine Frage keine Antwort zu haben oder unliebsame Rechenschaftsberichte abgeben zu müssen. Um diese Aufgaben zu eliminieren, um sie frühzeitig aus der Organisation zu nehmen, sind ein gewisser „Mut zur Lücke", klare Prioritäten und schnelle Entscheidungen notwendig.

Prioritäten dürfen jedoch nicht individuell auf eine Abteilung oder einen Bereich bezogen sein, sondern müssen sich immer an den Unternehmenszielen orientieren. Messen Sie also jede Aufgabe, jede Tätigkeit daran, inwieweit sie zur Erreichung der Unternehmensziele beitragen und wie wichtig sie für den Gesamterfolg sind. Kommen Sie zu dem Schluss, dass eine Aufgabe nur scheinbar sinnvoll, aber dennoch, unter Berücksichtigung dieser Kriterien, völlig unwichtig ist, dann haben Sie den Mut, sie zu eliminieren. Trauen Sie sich, auch einmal eine möglicherweise falsche Entscheidung zu treffen, denn eine *nicht ganz richtige* Entscheidung ist besser als keine Entscheidung und nichts zu tun ist definitiv eine falsche Entscheidung.

Vor einem sollten Sie sich in diesem Zusammenhang ebenfalls hüten: Führungskräfte neigen dazu, wenn sie persönlich zu dem Schluss gekommen sind, dass eine Aufgabe für sie persönlich unwichtig erscheint, diese an Mitarbeiter zu delegieren. Es gilt aber absolut das Gleiche. Ist die Tätigkeit für die Organisation, für das Unternehmen unwichtig, darf sie auch nicht an noch so „unwichtige" Mitarbeiter delegiert werden. Klären Sie bei allen anfallenden Aufgaben sofort, welche Priorität sie bekommt, denn Prioritäten ändern sich nicht durch Liegenlassen und das berühmte „Aussitzen", sondern nur die Dringlichkeiten! Eine liegengelassene A-Aufgabe, deren Priorität zu spät definiert wird, kann im Moment der Erkenntnis bereits terminlich unwiederbringlich notleidend sein. Und vice versa wird eine D-Priorität nicht zu einer C-Priorität, in dem man sie mehrfach in die Hand nimmt und nochmals überprüft.

Exkurs: Pareto-Prinzip

Das Pareto-Prinzip, das als Methode gerne im Zeitmanagement angewendet wird, geht auf den italienischen Volkswirtschaftler Vilfredo Pareto zurück. Er hat gezeigt, *„dass innerhalb einer gegebenen Gruppe oder Menge einige wenige Teile einen weitaus größeren Wert ausmachen, als dies ihrem relativen, größenmäßigen Anteil an der Gesamtmenge in dieser Gruppe entspricht."* Aus diesem Ansatz wurde die 80:20-Regel entwickelt.

Pareto hat an vielen Beispielen aus der Volkswirtschaft nachgewiesen, dass 20 % des Aufwands, den man darauf verwendet, eine Aufgabe zu erledigen, bereits 80 % des Erfolgs, des Ergebnisses bringen. Die restlichen 20% Ergebnis „kosten" weitere 80 % Aufwand.

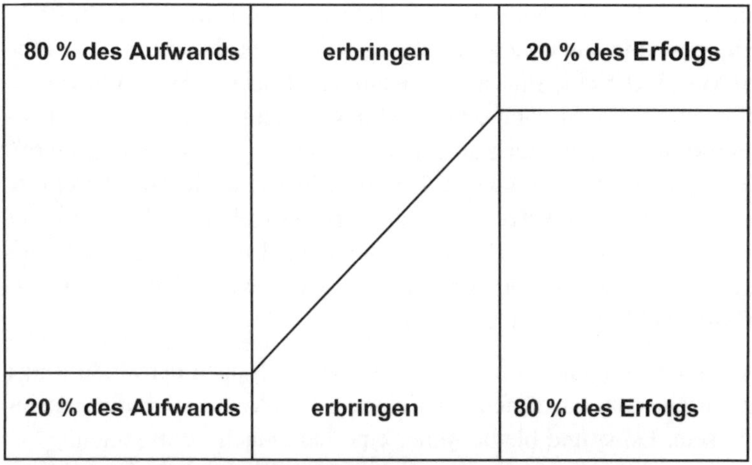

Abbildung 8: 80:20-Regel nach Pareto

Das Pareto-Prinzip ist aber nicht nur eine hervorragende Methode für das persönliche Zeitmanagement, sondern hilft in ähnlich angewandter Weise, Dinge, Aufgaben und Tätigkeiten mit den entsprechenden Prioritäten zu versehen.

Es braucht ein bisschen „Mut zur Lücke", Entscheidungen nicht immer auf der Basis von 100 % Wissen zu fällen, sondern bei einem Wissensstand von 80 % zu entscheiden. Aber dieser Mut – oder lassen Sie es uns Entscheidungsfreudigkeit nennen – spart 80 % Ressourcen! Ein kleines Rechenbeispiel macht das deutlich. Um eine Aufgabe zu 100 % zu erledigen brauchen Sie 5 Stunden. Allein 4 Stunden benötigen Sie für die letzten 20 % Ergebnis. In diesen 4 Stunden können Sie aber auch weitere 4 Aufgaben gleicher Qualität zu jeweils 80 % Ergebnis erledigen. Was ist nun effektiver und effizienter? Deshalb sollten Sie auch bei der Priorisierung von Aufgaben dieselbe nicht mehrfach hinterfragen, sondern schnell und zielgerichtet entscheiden. Allerdings funktioniert das nur reibungslos, wenn Ziele transparent sind, jeder sie kennt und sie nicht immer wieder aufs Neue in Frage gestellt werden. Und noch etwas: Viele Führungskräfte wenden die Pareto-Regel erfolgreich an, haben aber ein Problem, wenn sie das Gefühl haben, dass bei einer delegierten Aufgabe ein Mitarbeiter eine Entscheidung auf der Basis von 80 % Wissen gefällt hat. Wenn es dann ganz schlimm kommt, empfindet die Führungskraft das dann auch noch als *schlampige Arbeit.* Eine erfolgreiche Führungskraft ermuntert ihre Mitarbeiter, auch nach Pareto zu verfahren. Es ist selbstverständlich ihr Recht und ihre Pflicht, bei sehr wichtigen Dingen oder Unsicherheiten einmal mehr als die 20 % des Aufwands einzufordern, der notwendig gewesen wäre, um 100 % Wissen und Ergebnis zu erreichen.

Es kann auch nicht Ziel sein, immer sklavisch nach der 80:20-Regel zu entscheiden. Es dürfen auch einmal 30 oder 40 % Aufwandseinsatz sein. Es ist und bleibt immer eine individuelle Entscheidung bezogen auf die individuelle Dringlichkeit und Wichtigkeit. Je wichtiger eine Sache ist, desto mehr tendiert der Ressourceneinsatz gegen 100 %, weil das Ergebnis wirklich sicher sein muss. Je unwichtiger etwas ist, desto realistischer ist ein deutlich geringerer Aufwand, da ein 80 oder 90 %iges Erreichen des möglichen Ergebnisses absolut ausreicht. So entscheidet sich ein Arzt im Falle des Verdachtes auf eine sehr ernsthafte Erkrankung erst dann für die Therapie, wenn er nahezu 100 %ige Gewissheit hat. Andererseits entscheiden Ärzte und Sanitäter in Katastrophen, wo es eine hohe Zahl von Verletzten gibt, sehr wohl nach Pareto. Um möglichst vielen helfen zu können, wird in der Erstversorgung pragmatisch und schnell, ohne tiefgehende Diagnostik entschieden, wem zu helfen ist und wem nicht. Seien Sie als Führungskraft, da wo es geht und sinnvoll ist, entscheidungsfreudig. Sie sparen viel Zeit und Ressourcen.

„irgend“

Es gibt kaum etwas unspezifischeres und unkonkreteres in der deutsche Sprache als das Wort „irgend“. Überall, wo es auftaucht, kann oder will sich jemand nicht festlegen. Sie kennen Aussagen wie: „Irgendjemand sollte das mal überprüfen“, „Irgendwann muss das aber erledigt sein“, „Irgendwo existiert das hier im Haus, das weiß ich“, „Irgendein Kunde hat sich beschwert“. Ist das nicht herrlich unverbindlich, wenn irgendjemand irgendetwas bis irgendwann irgendwie erledigen soll? Gewollt oder nicht führt „irgend“ dazu, dass sich niemand angesprochen und verantwortlich fühlt und Aufgaben natürlich nicht zielgerichtet und termingerecht ausgeführt werden. Auch unausgesprochen finden wir es in vielen Sätzen: „Das müssen wir überprüfen!“ Ja, wer denn und was denn? Soll heißen: Achten Sie in Ihrer Diktion darauf, alle Tätigkeiten, Aufgaben und Sachverhalte so eindeutig zu formulieren, dass möglichst wenig Spielraum für Fantasien und Auslegungen möglich sind. Auch bei den „kleinen“ Alltäglichkeiten, die nicht immer die großen bedeutenden Ziele sind. Nennen Sie Ross und Reiter, wenn Sie möchten, dass *jemand* das Lager aufräumt, dann nennen Sie den *Jemand* beim Namen – sonst tut es nämlich *niemand*. Vielleicht sind sich deshalb die Wörter *je-mand* und *nie-mand* in der deutschen Sprache so ähnlich?

3.3 Aufgaben im Hinblick auf übergeordnete Ziele überprüfen

Im letzten Kapitel haben wir erläutert, wie wichtig es ist, jeder Tätigkeit und jeder Aufgabenstellung eine Priorität zuzuordnen, diese zu kommunizieren und stringent einzuhalten. Wie bereits im Kapitel „Führen durch Zielvereinbarungen“ beschrieben, darf es in einem Unternehmen keine Tätigkeiten geben, die nicht aus übergeordneten Zielen abgeleitet sind, bzw. dazu beitragen, übergeordnete Ziele zu erreichen. Gerade in großen Unternehmen besteht die Gefahr, dass in einzelnen Bereichen eine Verselbständigung der Bereichsziele stattfindet und Ergebnisse, die erarbeitet worden sind, nicht oder nur zu einem Teil der Gesamtzielerreichung des Unternehmens dienen. Besonders groß ist die Wahrscheinlichkeit, dass an den falschen oder nicht mehr aktuellen Zielen gearbeitet wird, wenn sich übergeordnete Ziele verändert haben und diese Veränderung nicht ausreichend kommuniziert worden ist.

Um zu verhindern, dass Unterziele nicht mehr aktuell sind, bedarf es der Kommunikation und der Dokumentation. Bevor Sie jetzt sagen: „Dokumentation bedeutet unnötigen Aufwand und Bürokratismus!“, möchten wir relativierend darauf hinweisen, dass nicht alle Ziele und „Zielchen“ minutiös aufgeschrieben werden sollen, sondern nur die bedeutenden Innovations- und Entwicklungsziele. Die Dokumentation hat in diesem Zusammenhang etwas Magisches: Das geschriebene Wort hat eine weit höhere Verbindlichkeit als das gesprochene. Dadurch überlegt sich jeder Beteiligte *vorher* sehr genau, auf welches Ziel er sich „committet“, und Papier kann man abheften, Gedanken nicht. Weiterhin verhindert die Dokumentation das Prinzip der „stillen Post“, bei dem durch die mündliche Weitergabe von Informationen wichtige Bestandteile der Information verfälscht werden oder gar verloren gehen.

In großen Organisationen ist es für den Zielabgleich unerlässlich, diese Ziele zentral zusammenzufahren und zu überprüfen, ob die Ziele mit den jeweiligen Unterzielen tatsächlich in der geplanten Zeit erreicht werden können. Wenn das so ist, das Ziel also realistisch erscheint, werden die Unterziele zur Bearbeitung in die Organisation zurückgegeben. Damit sind die Ziele und die zur Zielerreichung notwendigen Ressourcen und Mittel verabschiedet.

Ein Hauptgrund, warum Ziele teilweise nicht erreicht werden, ist nicht etwa eine unrealistische Einschätzung der Möglichkeiten, sondern die unterlassene oder zu spät erfolgte Information über Änderungen oder Abweichungen. Ändern sich z.B. Rahmen- oder Umfeldbedingungen, werden Teilziele und Meilensteine nicht oder unvollständig erreicht, muss *sofort* informiert werden. Nur bei schneller Information kann eine Organisation entweder das Ziel korrigieren oder die Maßnahmen zur Zielerreichung optimieren. Ein so sukzessiv durchgeführtes Feedback-System sorgt dafür, dass Aufgaben immer der Erreichung der übergeordneten Ziele dienen und eine Verselbständigung von Teilzielen weitestgehend minimiert werden kann.

Gewichtung und Delegation

Eine Führungskraft kann nur dann sinnvoll delegieren, wenn sie sich selbst vor der Delegation ausreichend Gedanken über die Wichtigkeit und Dringlichkeit von Aufgaben gemacht hat. Anhand der Zuordnung zu Prioritäten kann sie entscheiden, *was, wann* und an *wen* zu delegieren ist, was nicht gemacht werden braucht und was sie selbst erledigen muss. Spontane Delegationen sind meistens die schlechtsten.

Darüber hinaus gibt Ihnen die Priorisierung von Aufgaben *vor* dem eigentlichen Delegationsgespräch die argumentative Sicherheit, wenn Sie bei der Delegation auf einen scheinbar „delegationsresistenten“ Mitarbeiter stoßen. Sie kennen die Wichtigkeit und die Dringlichkeit. Ihr Mitarbeiter muss diese für sich selbst erst eruieren. Durch diesen Zeitvorsprung sind Sie in der Lage, in Alternativen zu denken und schnell auf akzeptable Kompromisse einzugehen.

4. Grundsätze der Delegation

Es gibt zwei Arten von Mitarbeitern, aus denen nie etwas Richtiges wird: Diejenigen, die nie tun, was man ihnen sagt und diejenigen, die nur tun, was man ihnen sagt.

Christopher Morley

Grundsätzliches zu den Grundsätzen

Was ist Delegation? Warum delegieren wir Aufgaben und Tätigkeiten? Viele Bücher und Publikationen befassen sich mit diesem Thema im Hinblick auf die eigene Entlastung und die Schaffung von Freiräumen. Dies ist sicherlich – wenigstens teilweise – richtig. Natürlich delegieren Sie mit dem Ziel, Routinetätigkeiten und bestimmte immer wiederkehrende Aufgaben an Ihre Mitarbeiter abzugeben und dadurch mehr Zeit für Ihre wichtigen Ziele zu gewinnen. Diese, relativ einseitige Form der Delegation, hat es schon immer gegeben. Tätigkeiten wurden „mit dem Füllhorn" auf die Mitarbeiter verteilt. Wenn sie erledigt waren, kamen neue Aufgaben hinzu. Die Aufgaben wurden relativ unspezifisch den Mitarbeitern zugeordnet, individuelle Bedürfnisse nicht oder nur gering berücksichtigt. Die Führungskraft war hier in erster Linie in einer Verteiler- und Kontrollfunktion, Hauptsache alles wurde erledigt.

Die professionelle und motivatorische Delegation hat neben der Entlastung der Führungskraft und des Kanalisierens von Arbeit noch einen weiteren, auf die Führungsphilosophie zurückgehenden, Aspekt. Die Delegation wird zur Förderung und Forderung des Mitarbeiters eingesetzt. Je nach Qualifikation, Persönlichkeitsprofil und Entwicklungspotential werden Aufgabenstellungen *besprochen* und Ziele *vereinbart.* Durch die Einbindung des Mitarbeiters in den Delegationsprozess wird seine Motivation und Leistungsbereitschaft erhöht, weil ihm nicht einfach Arbeit „vorgesetzt" wird, sondern er aktiv den Weg und das Ziel mitbestimmen kann. Er wird gefragt. Es ist so wie bei einem Kaffeetrinken, wo verschiedene Arten Torte zur Auswahl stehen. Man fragt Sie nicht, welches Stück Sie gerne hätten, sondern Ihnen wird irgendein Stück Sahnetorte serviert. Selbst wenn Sie sich, wenn Sie gefragt worden wären, für die Sahnetorte entschieden hätten, so stört es Sie sicherlich, dass Sie nicht gefragt wurden.

Dem Mitarbeiter wird die Arbeit übertragen (delegare, lat.: überweisen), sie wird nicht diktiert. Er erledigt sie selbständig und eigenverantwortlich, so dass vor der Kontrolle durch die Führungskraft, die

„freiwillige Selbstkontrolle" durch den Mitarbeiter steht. Die Delegation von Aufgaben setzt die eindeutige Priorisierung der Ziele voraus, aus denen die Aufgaben, die Tätigkeiten abgeleitet wurden. Das Denken und Handeln in Zielen bedeutet dann zielorientiertes und nicht aufgabenorientiertes Arbeiten.

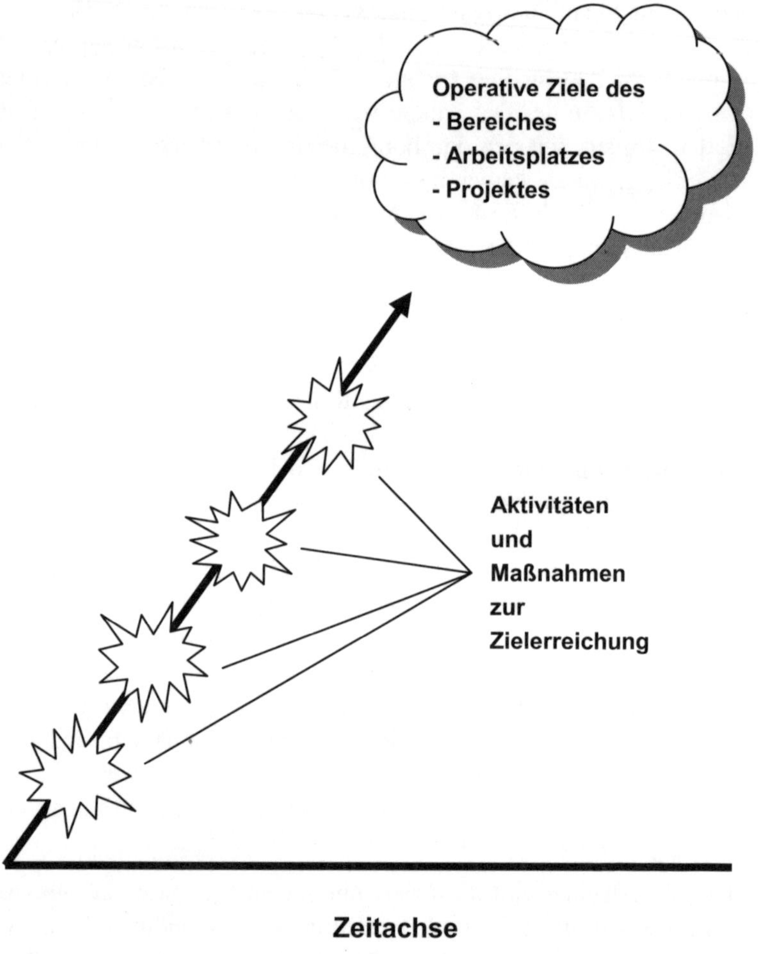

Abbildung 9: Maßnahmen „dienen" dem Ziel

Für die Delegation und die Kontrolle des Delegationsprozesses bedeutet das „Denken und Handeln in Zielen", dass die Erreichung des Zieles kontrolliert werden muss und nicht die einzelnen Maßnahmen. Das heißt z.B. für eine Führungskraft, deren Mitarbeiter fünf Ziele mit jeweils 10 Aufgaben und Maßnahmen verfolgt, dass die Führungskraft nicht die Erledigung von 50 Maßnahmen nachhält, sondern lediglich die Erreichung der fünf Ziele.

4.1 Was kann, soll und muss delegiert werden?

Delegation hat sehr viel mit Vertrauen zu tun. Einmal dem Vertrauen zu sich selbst:

Habe ich die *richtigen Aufgaben* definiert?
Habe ich die Aufgaben *richtig* formuliert und beschrieben?
Habe ich den/die *richtigen Mitarbeiter* ausgewählt?

Vertrauen in die Mitarbeiter:

Hat der Mitarbeiter die nötige *Qualifikation*?
Hat der Mitarbeiter ausreichend *Erfahrung*?
Ist der Mitarbeiter *motiviert*?

Da niemand gerne blind vertraut, ist es wichtig, diese Fragen bereits vor der Delegation für sich selbst zu beantworten. Wenn Sie das tun, gehen Sie sicherer in das Delegationsgespräch und es wird reibungsloser und konfliktfreier verlaufen.

Kommen wir zur ersten Frage, ob Sie die richtigen Aufgaben definiert haben. Wenn Sie sich sicher sind, dass alle Tätigkeiten, die weder Sie noch einer Ihrer Mitarbeiter erledigen müssen, eliminiert sind, können Sie mit der Einteilung der Aktivitäten in A-, B- und C-Aufgaben beginnen. Die klassischen Aufgaben für eine *Muss-*

Delegation sind die C-Aufgaben (vgl. Eisenhower-Prinzip). Das sind übliche Routineaufgaben, Normalfälle, Spezialistentätigkeiten, Detailfragen, kurzum alle Tätigkeiten, die sowieso im Verantwortungs- und Aufgabenbereich Ihrer Mitarbeiter liegen. Hier beschränkt sich die Delegation auf das physische Weiterreichen dieser Aufgaben und die Definition von Meilensteinen und eines Endtermins.

In diesem Zusammenhang sei auf einen häufig gemachten Fehler hingewiesen: Es gibt Routineaufgaben, die erklärungsbedürftig sind und wo die Erläuterung der Aufgabenstellung sehr viel Zeit in Anspruch nehmen würde. Ein Argument, warum diese Tätigkeiten nicht delegiert werden ist: *„Bis ich das erklärt habe, habe ich es selbst erledigt!"*. Das mag, bezogen auf eine einzelne Aktivität richtig sein. Kehrt diese Tätigkeit aber in unregelmäßigen Abständen in gleicher oder ähnlicher Form wieder, so ist es sehr sinnvoll, einmal die Zeit für die Erklärung zu investieren. Prüfen Sie daher bei Tätigkeiten immer, ob es sich um eine einmalige Aktion handelt, oder ob es nicht effektiver ist, die Aufgabe zu delegieren und sogar zu standardisieren. Wenn Sie hingegen sicher sind, dass es eine einmalige Aktion ist und der Zeitaufwand für die Erläuterung in keinem Verhältnis zur Erledigung steht, dann machen Sie es selbst.

Den breitesten Spielraum für eine Delegationsentscheidung bieten die B-Aufgaben. B-Aufgaben sind Aufgaben, die zwar wichtig, aber nicht dringend sind. Hier obliegt es Ihnen, zu entscheiden, ob Sie die Aufgabe ganz selbst erledigen, Teile delegieren oder die Tätigkeit ganz delegieren. Ob und was delegiert werden kann, hängt zum einen davon ab, wie es um Ihre eigene Auslastung steht, wie um die Ihrer Mitarbeiter, welche Qualifikationen Ihre Mitarbeiter haben und ob Sie vielleicht einen Mitarbeiter besonders fo(ö)rdern möchten.

Selbst erledigen – sollten Sie alle Aktivitäten von besonderer Wichtigkeit, die einmalig sind, die hoch erklärungsbedürftig sind und wo (nur) Sie über die notwendige Fachkompetenz verfügen.

Teilaufgaben delegieren – können Sie, wenn aus der Aufgabenstellung heraus sinnvolle, abgeschlossene Teilaufgaben zu definieren sind. Die Gesamtverantwortung für die Zielerreichung bleibt bei Ihnen, die Verantwortung zur Erreichung der Teilziele bei Ihrem Mitarbeiter.

Vollständig delegieren – können Sie Ziele und Aufgaben, wenn die fachliche Qualifikation bei Ihrem Mitarbeiter vorhanden ist, er hoch motiviert ist oder sein wird und Sie ihn durch diese anspruchsvolle, da wichtige, Aufgabe fördern möchten. Je wichtiger die Aufgabe allerdings ist, desto enger sollten Meilensteine zur eventuellen Hilfestellung gesetzt werden. In diesem Falle sind Sie der Coach des Mitarbeiters.

Grundsätzlich nicht delegieren dürfen Sie A-Aufgaben. A-Aufgaben sind extrem wichtig und sehr dringend. Typische nicht delegationsfähige Aufgaben sind:

- Führungsaufgaben und Führungsfunktionen
- Außergewöhnliche Sonderfälle, Krisenmanagement
- Entscheidungen von großer Tragweite
- Personalangelegenheiten

Bei richtiger Einordnung Ihrer Aktivitäten in die Kategorien A, B und C dürften die A-Aufgaben vom Gesamtzeitaufwand nicht mehr als ca. 20 bis 30 % ausmachen, so dass die restlichen 70 bis 80 % noch ein gewaltiges Potenzial an delegationsfähigen Aktivitäten bieten.

Noch ein Wort zu den D-“Aufgaben“, die unwichtig und nicht dringlich sind und eigentlich in den Papierkorb gehören. Fällen Sie die Entscheidung, ob etwas getan werden muss oder nicht. Delegieren Sie niemals Tätigkeiten von denen sie *glauben oder sogar wissen*, dass sie nicht wichtig und nicht dringlich sind. Der Mitarbeiter kann die Wichtigkeit möglicherweise nicht richtig einschätzen und hat im Zweifel nicht den Mut, die Aufgabe liegen zu lassen oder zu eliminieren. Da die Aufgabe ja von Ihnen kam, wird er der Aktivität eine für ihn höhere Wichtigkeit zuordnen. Und Sie wundern sich dann, mit welchen unwichtigen Dingen sich Ihre Mitarbeiter beschäftigen.

Sie sehen, erfolgreiche Delegation hängt sehr von der richtigen Klassifizierung und Gewichtung von Aufgaben ab, die wiederum aus übergeordneten Zielen und deren Prioritäten abgeleitet worden sind. Erst nach der Einteilung in A-, B- und C-Aufgaben und Eliminierung der D-"Aufgaben" kann der Delegationsprozess begonnen werden. Je nachdem, wie stringent Sie bereits mit Prioritäten arbeiten, kann eine Checkliste sehr hilfreich sein, um bei der Vielzahl von Aktivitäten und Aufgaben den Überblick nicht zu verlieren.

Eine Delegationsliste kann entweder für einzelne Mitarbeiter oder für einen gesamten Bereich oder für eine Abteilung geführt werden. Welche Form der Liste für Sie am geeignetsten ist, hängt sehr stark von der Anzahl ihrer Mitarbeiter und der jeweiligen Aufgabenstellung ab. Wichtig ist nur, *eine* zu führen. Gerade in Mitarbeitergesprächen hilft sie, ein Gespräch zielorientiert und strukturiert zu führen.

Tragen Sie in eine solche Liste alle Aktivitäten mit ihrer jeweiligen Priorität ein und vermerken Sie, ob Sie sie delegiert haben und an wen oder sie selbst erledigt haben und warum. Notieren Sie die Begründung spontan und seien Sie ehrlich mit sich selbst. Oftmals ist die Entscheidung, etwas zu delegieren oder nicht zu delegieren nicht nur rational gesteuert, sondern auch emotional. Es gibt Dinge, die mögen Sie und tun sie gerne und es gibt Dinge, die mögen Sie weniger und tun Sie daher auch ungern. Aber bei der Delegation sollte es nicht – auf jeden Fall nicht vordringlich – um das Mögen und Nicht-Mögen gehen.

Checkliste I ermöglicht Ihnen eine Analyse in verschiedene Richtungen:

1. Habe ich die Aktivitäten mit den richtigen Prioritäten versehen?
2. Habe ich ausreichend delegiert oder zu viel selbst erledigt?
3. War die Entscheidung pro oder kontra einer Delegation rational oder emotional beeinflusst?
4. Habe ich an die richtigen Mitarbeiter delegiert?

Aktivität	Priorität	delegiert	selbst erl.	Warum?
Monatsumsatz-statistik	B		X	zu wichtig, Meier in Urlaub
Herrn Kunde zurückgerufen	B	Müller		keine Zeit, unan-genehmer Kun-de
Monatsbericht für GF	B		X	wichtig, kann sonst keiner
Ergebnispräsent. Projekt XY	B		X	wichtiges Projekt
Feier Jubiläum Frau Schulz	C	Müller		keine Zeit

Abbildung 10: Checkliste I

Nachdem Sie diese Checkliste über einige Zeit geführt haben, werden Sie feststellen, ob die Prioritäten in Ihrem Bereich klar sind und Sie sie problemlos zuordnen können, ob Potenziale für weitere Delegationen bestehen und ob Sie *ausreichend rational* entschieden haben, eine Aufgabe an einen bestimmten Mitarbeiter zu delegieren oder sie selbst zu erledigen. Beginnen wir mit dem ersten Beispiel. Die Monatsumsatzstatistik ist eine regelmäßig zu erledigende Aufgabe von relativer Wichtigkeit, weil ohne die Umsatzzahlen die fortlaufende Planung nicht überprüft werden kann. Unser beispielhafter Manager hat sie selbst erledigt, weil Herr Meier, der die Statistik normalerweise immer erstellt, in seinem wohlverdienten Jahresurlaub weilt. Priorität B ist sicherlich richtig, aber unser Manager hätte diese Tätigkeit nicht selbst erledigen dürfen, da Herr Meier, dessen Urlaub geplant war, eigenverantwortlich für Vertretung hätte sorgen müssen. Folglich Führungsfehler des Managers in Richtung des Mitarbeiters Meier, da regelmäßige Tätigkeiten nicht immer wieder neu delegiert werden müssen.

Die Führungskraft hat das wichtige Telefonat mit Herrn Kunde an Frau Müller delegiert. Unser Manager hatte keine Zeit und außerdem – offen gestanden – mag er Herrn Kunde nicht. Im Prinzip ist die Delegation in Ordnung, sofern nicht Frau Müller immer die unangenehmen Kunden anrufen muss und ihre Führungskraft mit den angenehmen Kunden grundsätzlich selbst telefoniert. Dazu aber später.

Den Monatsbericht für die Geschäftsführung hat der Manager selbst erstellt. Priorität ist richtig, dass er es selbst gemacht hat auch, weil nur die Führungskraft den Überblick über den ganzen Bereich haben kann und soll.

Die Ergebnisse des wichtigen Projektes XY hat der Manager selbst präsentiert und damit dem eigentlichen Projektleiter die Chance genommen, sich durch die Präsentation seiner „eigenen" Ergebnisse zu profilieren. Er hat sich hier mit „fremden Federn" geschmückt und zusätzlich Zeit aufgewendet, die sonst nicht notwendig gewesen wäre. Insbesondere im Hinblick auf die Motivation des Projektleiters ein krasser Führungsfehler.

Frau Schulz ist langjährige Mitarbeiterin unseres Managers und feiert ihr 25-jähriges Dienstjubiläum. Da die Führungskraft keine Zeit hat, delegiert sie den Besuch der Jubiläumsfeier an Frau Müller. Personalangelegenheiten sind aber *grundsätzlich* nicht zu delegieren, sondern sind wichtige Tätigkeiten einer Führungskraft, die keinesfalls in die Priorität C eingeordnet werden dürfen. Auch wenn hier „keine Zeit" gleichbedeutend ist mit „keine Lust", er hätte selbst hingehen müssen. Übrigens, warum hat er das wieder an Frau Müller delegiert?

Wenn Sie sich nach 14 Tagen oder drei Wochen diese Aufstellung vornehmen und analysieren, werden Sie möglicherweise realisieren, dass Sie delegationsfähige Aufgaben selbst erledigt haben, weil Sie sie gerne machen und weil man sich vielleicht durch die Aktivität selbst profilieren kann (Projektpräsentation). Andererseits werden Sie emotional begründete Delegationen entdecken, wo Sie eigentlich selbst hätten handeln müssen, es aber – vielleicht weil es unangenehm war – an einen Mitarbeiter delegiert haben (Telefonat Herr Kunde). Vielleicht zeigt Ihnen die Analyse sogar, dass Sie unbewusst unangenehme Dinge immer an den selben Mitarbeiter delegiert haben (Frau Müller). Sie können die Liste ggf. auch um die Spalte „übergeordnete Ziele" zu erweitern. Das kann Ihnen helfen, die Priorität von Maßnahmen leichter aus den Zielen abzuleiten.

Wenn Ihre Mitarbeiter spüren, dass Sie Aufgaben, die Sie selbst *nicht mögen*, immer delegieren, erleben Ihre Mitarbeiter das „Shit-runs-down-the-mountain-Syndrom". Wenn es dann auch noch immer die selben Mitarbeiter trifft, ist hier die intrinsische Motivation schnell aufgebraucht und eine Identifikation mit der Arbeit findet nicht mehr statt. Achten Sie also bei der Delegation von Aufgaben darauf, dass Sie nicht nur die Qualifikation eines Mitarbeiters bei der Auswahl eines Delegationsempfängers berücksichtigen, sondern auch seine innere Einstellung gegenüber der Tätigkeit. Und lassen Sie Ihre Mitarbeiter spüren, dass Sie auch Aufgaben delegieren, die Spaß machen können. Bei der Delegation von unangenehmen Tätigkeiten sollten Sie sich gerecht und neutral verhalten und diese Aufgaben nicht ausschließlich an die Mitarbeiter übertragen, die Sie persönlich am wenigsten mögen.

Ein Gefühl dürfen Ihre Mitarbeiter wirklich niemals entwickeln, nämlich das der 10 „A" der Delegation (Verfasser unbekannt, aber wahrscheinlich leidender Mitarbeiter). Natürlich sind diese 10 „A" der Delegation nicht ganz ernst gemeint, dennoch steckt in ihnen, insbesondere aus Sicht der Mitarbeiter, (leider) viel Wahrheit.

A lle
A nfallenden
A ufgaben
A uf
A ndere
A bschieben und
A nschliessend
A nschreien,
A ber
A nständig

Abbildung 11: Die 10 „A“ der Delegation

Aber vollkommen losgelöst davon, welche Aufgaben Sie an wen delegieren, dem Zeitfaktor kommt hier eine besondere Bedeutung zu. Lassen Sie nichts liegen, delegieren Sie Tätigkeiten sofort. Prioritäten ändern sich nicht durch Liegenlassen, nur die Dringlichkeit erhöht sich. Dem Mitarbeiter nehmen Sie durch zu spätes Delegieren wertvolle Zeit, die er zum Erledigen der Aufgabe braucht und sein persönlicher Planungshorizont wird unnötig eingeengt. Darüber hinaus erleben es die Mitarbeiter alles andere als kooperativ und teamorientiert, wenn sie Aufgaben oft erst spät auf ihren Schreibtisch bekommen.

4.2 Wer ist der richtige Mitarbeiter für eine Delegation?

Grundsätzlich jeder, sofern es Ihre „eigenen“ Mitarbeiter sind. Die Delegation in andere Bereiche, sei es auf gleicher Ebene oder in andere Ebenen hinein, ist ohne Rücksprache nicht zulässig.

Sie geben sich jetzt einen Ruck, rufen Ihre Frau an und sagen: Schatz, es wird was später!!

Eine Delegation erfolgt nur zwischen der Führungskraft und dem direkt zugeordneten Mitarbeiter. Innerhalb eines Bereiches sind dann alle Mitarbeiter gleich zu behandeln; Aufgaben und Tätigkeiten sind möglichst gerecht zu verteilen. So weit die Theorie!

Wir wissen, es gibt unterschiedliche Mitarbeiter. Es gibt die besonders willigen, hochmotivierten und es gibt die, die eigentlich immer – wie sie sagen – an ihrer Kapazitätsgrenze arbeiten. Und es gibt die nahezu delegationsresistenten, die primär alle neuen, zusätzlichen Aufgaben ablehnen möchten. Folglich verläuft der Delegationsprozess jedes Mal anders, die Führungskraft muss eine jeweils andere Rolle und Position einnehmen. Aber, „verschonen" Sie nicht Mitarbeiter, weil die Gespräche zu lästig oder zu kompliziert sind. Die anderen Mitarbeiter, die für ihre kooperative Arbeitsweise als „Dankeschön" immer noch ein Schüppchen Arbeit mehr erhalten, werden es merken und entweder enttäuscht sein (von Ihnen) oder nach und nach ein ähnlich resistentes Verhalten an den Tag legen.

Wie gesagt, alle Ihre Mitarbeiter sind delegationsgeeignet, Sie müssen ihnen nur anders gegenübertreten, Persönlichkeitsprofile und Erfahrungen berücksichtigen und im Rahmen der Delegation eine individuell angepasste Rolle einnehmen. Für jeden Mitarbeiter ist wichtig zu spüren, dass Sie die Delegation als Führungsinstrument verstehen und nicht als das reine Weiterreichen von Arbeit.

Die **Führungskraft als Tutor** entwickelt gemeinsam mit dem Mitarbeiter den Weg, um die Aufgabe zu erledigen, die Meilensteine, die notwendig sind und steht dem Mitarbeiter bei Problemen hilfreich zur Seite. Der Tutor ist dann angemessen, wenn es sich um:

– neue, unerfahrene Mitarbeiter handelt
– eine neue, anspruchsvolle Aufgabe handelt
– besonders wichtige Aufgabe handelt

Die **Führungskraft als Berater** lässt den Mitarbeiter den Weg zur Zielerreichung selbständig erarbeiten und legt lediglich die Meilensteine fest. Die Beraterfunktion ist anzuwenden bei:

– erfahrenen Mitarbeitern
– Aufgaben, die bereits ähnlich erarbeitet wurden
– weniger wichtigen Aufgabenstellungen

Die **Führungskraft als Coach** lässt sich den Weg zum Ziel skizzieren und akzeptiert die vorgeschlagenen Meilensteine, sofern sie überhaupt notwendig sind. Als zurückhaltender Coach kann eine Führungskraft fungieren bei:

- erfahrenen und sehr verlässlichen Mitarbeitern
- zu fördernden Mitarbeitern mit hohem Potential
- immer wiederkehrenden Aufgaben

Neben der Auswahl des richtigen Mitarbeiters aufgrund seiner Qualifikation und seiner Leistungsfähigkeit nimmt die Führungskraft somit auch bei jeder Delegation eine etwas andere Rolle ein, um das Ergebnis sowohl aus seiner Sicht, als auch aus der des Mitarbeiters, unter optimalen Bedingungen zu erreichen.

Eine ganz andere Rolle ist gefragt, wenn ein Mitarbeiter tatsächlich delegationsresistent ist und vorgibt, keinerlei freie Kapazitäten zu haben oder die Meinung vertritt, er sei absolut nicht der richtige Mitarbeiter für diese Tätigkeit. Diesem so wichtigen Punkt und weiteren möglichen Problemen im Delegationsgespräch, widmen wir uns in den Kapiteln 4.5 und 4.6 dieses Buches.

Fassen wir zusammen, an wen Sie Aufgaben delegieren können:

- Grundsätzlich nur an Mitarbeiter Ihres Verantwortungsbereiches
- An Mitarbeiter mit der notwendigen Qualifikation, Erfahrung und Leistungsfähigkeit
- Nicht nur an die fähigsten (und beschäftigsten) Mitarbeiter, sondern auch an jene,
  - die über freie Arbeitszeit verfügen
  - die Sie in der letzten Zeit „vernachlässigt“ haben
  - die mehr Erfahrung brauchen
  - deren Fähigkeiten Sie prüfen wollen
  - die Sie bewusst fördern wollen

Für die erfolgreiche Delegation einer Aufgabenstellung ist es ungemein wichtig, sich vorher ausreichend Gedanken über das Ziel, die Wichtigkeit und Dringlichkeit, die Erfolgsaussichten, den oder die möglichen Wege zur Zielerreichung, die zur Verfügung stehenden Ressourcen und den Zeitrahmen zu machen, erst dann können Sie den richtigen Mitarbeiter für diese Aufgabe benennen. Soll heißen: Es ist wenig effektiv und effizient, Dinge ohne den notwendigen Grad an Reflektion zu delegieren, die Wahrscheinlichkeit ist dann groß, dass der Falsche die zwar richtige Aufgabe aber dann doch falsch erledigt.

Sie mögen jetzt sagen, die richtige Auswahl des Mitarbeiters, die Reflektion der für eine gezielte Delegation notwendigen Kriterien und Rahmenbedingungen kosten sehr viel Zeit, vor allen Dingen mehr Zeit, als der knappe schriftliche Vermerk auf einem Vorgang, den man an einen Mitarbeiter weitergibt. Das stimmt zunächst, aber die *vorher* investierte Zeit zahlt sich aus, weil aufwendige Rückfragen und Abstimmungen *während* der Erledigung der Aufgabe durch den Mitarbeiter minimiert oder ganz verhindert werden und dadurch sowohl Ihr Zeitbudget als auch das Ihrer Mitarbeiter geschont wird. Und Sie verhindern nicht gewollte Unter- oder Überforderung, was schließlich die Motivation, den Teamgeist und das offene Miteinander fördert. Ihre Mitarbeiter werden Sie als kooperative Führungskraft mit klaren Zielen und eindeutiger Diktion erleben und gerne „für Sie“ und mit Ihnen arbeiten.

4.3 Delegation, Paralleldelegation und Delegation nach außen

Der Entscheidungsprozess ist bei allen Aufgaben, die in den von Ihnen geführten und verantworteten Bereich hereinkommen, der gleiche. Bei jeder Aufgabenstellung, bei jeder Tätigkeit, müssen Sie hinterfragen, ob die Aufgabe notwendig ist, in Ihren Bereich gehört, von Ihnen persönlich erledigt werden muss und ob es ökonomisch sinnvoll ist, dass Ihre Mitarbeiter sie erledigen.

Ist die Tätigkeit überhaupt notwendig?	⇨	**nein**	⇨	eliminieren
Gehört die Aufgabe in meinen Bereich?	⇨	**nein**	⇨	parallel delegieren
Muss ***ich*** die Tätigkeit tun?	⇨	**nein**	⇨	delegieren
Müssen meine Mitarbeiter die Tätigkeit tun?	⇨	**nein**	⇨	nach außen delegieren

Abbildung 12: Delegations-Entscheidungskaskade

Sind Sie sich sicher, dass eine Aufgabe nicht notwendig ist und weder Ihren Bereich, noch einen anderen Bereich in „Ihrem" Unternehmen betrifft, dann eliminieren Sie sie *sofort*. In diesem Moment nehmen Sie durch das Eliminieren eine wichtige Führungsaufgabe wahr, nämlich Ihre Schutzfunktion – Sie schützen Ihre und andere Mitarbeiter vor Aktionismus, der den Unternehmenszielen nicht dient. In größeren Unternehmen kommt es auch vor, dass Aufgabenstellungen, die zwar notwendig sind, nicht dort ankommen, wo sie tatsächlich erledigt werden können und sollen. Da eine solche Aufgabe nicht Ihren Zielen zugeordnet werden kann, muss es Ihnen schwer fallen, die Wichtigkeit und Dringlichkeit dieser Aktivität zu beurteilen. Auch hier müssen Sie im Sinne des Unternehmens *sofort* handeln. Sind Sie sich unsicher, in welchen Bereich, welche Abteilung die Aufgabe gehört, delegieren Sie die Tätigkeit zurück an die Stelle, von der sie gekommen ist. Das ist im Übrigen die einzige Rückdelegation, die erlaubt ist. Wissen Sie jedoch, in wessen Verantwortungsbereich die Aufgabe fällt, delegieren Sie sie – natürlich auch wieder sofort – in den Bereich, der betroffen ist. Da eine solche „Überweisung“ von Aktivitäten häufig auf einer hierarchischen Ebene stattfindet, nennen wir diese Form der Delegation *Paralleldelegation*.

Paralleldelegation

Um zu Beginn ein mögliches Missverständnis auszuräumen: Hier ist nicht gemeint, eine Aufgabe parallel und gleichzeitig in verschiedene Bereiche hinein zu geben und dort parallel an ein und derselben Sache arbeiten zu lassen. Es ist leider so, dass es immer wieder Führungskräfte gibt, die eine Aufgabe an mehrere Mitarbeiter gleichzeitig delegieren, ohne dass der jeweilige Mitarbeiter weiß, dass auch andere daran arbeiten. Das Ziel dieser Führungskräfte ist, sich das beste Ergebnis aussuchen zu können oder unterschiedliche Szenarien entwickelt zu bekommen. Diese Form der Delegation ist nicht zulässig, weil sie weder Offenheit dokumentiert, noch Ressourcen schont. Da Mitarbeiter miteinander über ihre Arbeit reden, fällt eine derart durchgeführte Delegation auf und die Mitarbeiter verlieren das Vertrauen in die Führungskraft.

Unter einer Bedingung ist das gleichzeitige Delegieren an verschiedene Mitarbeiter oder Teams allerdings möglich. Nämlich dann, wenn alle Beteiligten vorher informiert wurden, dass auch andere mit der gleichen Zielsetzung an dieser Aufgabe arbeiten. Sinnvoll ist diese Vorgehensweise z. B. in der Forschung und Entwicklung, wo eine neue chemische Substanz gefunden werden soll oder im Bereich Marketing und Vertrieb, wo es darum gehen kann, eine neue Werbestrategie zu entwickeln. Der Vorteil ist, dass durch den Einsatz verschiedener Mitarbeiter oder Teams, differenzierte kreative Prozesse freigesetzt werden und unterschiedliche Wege zur Zielerreichung beschritten werden. Der entstehende und durchaus gewollte Wettbewerb kann zusätzlich motivieren und im Gesamtprojektverlauf zu einer Zeitersparnis führen. Aber informieren Sie immer alle Mitarbeiter vorher in einem vielleicht gemeinsamen Kick-off-Meeting über die Zielsetzung und sorgen Sie dafür, dass alle den gleichen Informations- und Kenntnisstand haben.

Zurück zu der Paralleldelegation, wie wir sie meinen. Sie erreicht eine Aufgabenstellung, die nicht Ihren Bereich betrifft, wissen aber, in wessen Verantwortungsbereich sie gehört. Als guter verantwortungsbewusster Kollege delegieren Sie die Aufgabe in den Bereich, wo sie bearbeitet werden kann. An wen delegieren Sie die Aufgabe? Direkt an den zuständigen Mitarbeiter, den Sie gut kennen? Es ist ein lobenswerter Ansatz, auf diesem unbürokratischen Wege vielleicht Zeit zu sparen, widerspricht aber allen Regeln der Delegation. Der einzige, der in diesem Bereich delegiert, ist die Führungskraft des Bereiches. Folglich ist es die Führungskraft, an die parallel delegiert wird. und sie entscheidet, wer, was bis wann zu erledigen hat. Nur durch die Einhaltung dieser Formalien ist ein Manager in der Lage, seinen Verantwortungsbereich strukturiert zu führen und planbar zu halten.

Das Gleiche gilt für „unter Ihnen“ befindliche Hierarchieebenen. Auch hier ist ein Zugriff direkt auf den Mitarbeiter nicht statthaft, Ansprechpartner für Sie ist auch in untergeordneten Ebenen immer die Führungskraft. Es ist schon interessant, aber je höher Manager in der Hierarchie steigen, desto weniger halten Sie sich teilweise an diese Regeln. Die berühmt berüchtigten Durchgriffe „von oben“ sind dann die Folge und wie an anderer Stelle beschrieben, erhalten Aufgaben, die direkt „von oben“ kommen, auch sofort eine höhere Wichtigkeit und Dringlichkeit. Uns ist ein produzierendes mittelständisches Unternehmen bekannt, wo der Firmeninhaber täglich die gesamte Firmenpost liest. Er ist es, der daraus resultierende Aktivitäten und Aufgaben direkt an die Mitarbeiter weitergibt. Das führt dazu, dass die Führungskräfte der einzelnen Abteilungen teilweise erst von ihren Mitarbeitern erfahren, woran sie gerade arbeiten. Und die Prioritäten sind damit auch klar. Alles, was direkt vom Chef kommt, ist wichtiger als die Aufgaben der eigentlichen Führungskraft – denn schließlich könnte der Chef ja tatsächlich einmal nachfragen!

Delegation nach außen

„Ja, muss ich denn alles selber machen?", oder besser *„Müssen wir denn alles selber machen?"* Natürlich nicht. Eine Aufgabenstellung sollte immer derjenige erledigen, der das definierte Ziel in der kürzesten Zeit und mit dem geringsten Ressourceneinsatz erreicht. Und das sind nicht unbedingt Sie und auch nicht unbedingt Ihre Mitarbeiter. Die Überprüfung, ob etwas von Ihnen oder Ihren Mitarbeitern erledigt werden soll oder ob es extern bearbeitet werden kann, darf auch nicht erst stattfinden, wenn Ihre Kapazitäten ausgeschöpft sind, sondern muss eigentlich bei jeder Aufgabe aufs Neue gemacht werden. Fälschlicherweise wird die Delegation nach außen auch manchmal als „Outsourcing" bezeichnet. „Outsourcing" ist jedoch die Auslagerung kompletter Bereiche und Abteilungen, wie z. B. des Rechnungswesens, der Logistik etc. und nicht die externe Delegation in sich abgeschlossener „Arbeitspakete". „Outsourcing" ist übrigens 1996 zum Unwort des Jahres mit folgender Begründung vorgeschlagen worden: *„Imponierwort, das der Auslagerung und Vernichtung von Arbeitsplätzen einen seriösen Anstrich zu geben versucht."* Diese Meinung teilen wir nicht, sondern sind eher der Ansicht, Outsourcing kann ebenso wie die Delegation nach außen, helfen, Aufgaben effektiver und effizienter zu lösen und dadurch freigesetzte Kapazitäten im Unternehmen für wichtigere Tätigkeiten im Sinne der Zukunftssicherung zu nutzen. Die Delegation nach außen ist dann sinnvoll:

- wenn im eigenen Verantwortungsbereich nicht genügend Fachkompetenz vorhanden ist.
- wenn es sich um eine einmalige Spezialistenaufgabe handelt
- wenn die notwendigen Ressourcen in Form von Maschinen, Hard- und Software oder Ähnlichem nicht vorhanden sind und die Beschaffung in einem ungünstigen Verhältnis zum Ergebnis steht
- wenn keine freien Kapazitäten verfügbar sind.

– wenn die Aufgabe extern ökonomischer im Hinblick auf Zeit und Kosten gelöst werden kann.

Bei der Delegation nach außen gelten die gleichen Regeln wie bei der Delegation nach innen. Da die Zugriffs- und Kontrollmöglichkeiten aber eingeschränkt sind, ist die Definition des Ziels, des gewünschten Ergebnisses und der Vorgaben Qualität, Zeit und Kosten um so wichtiger.

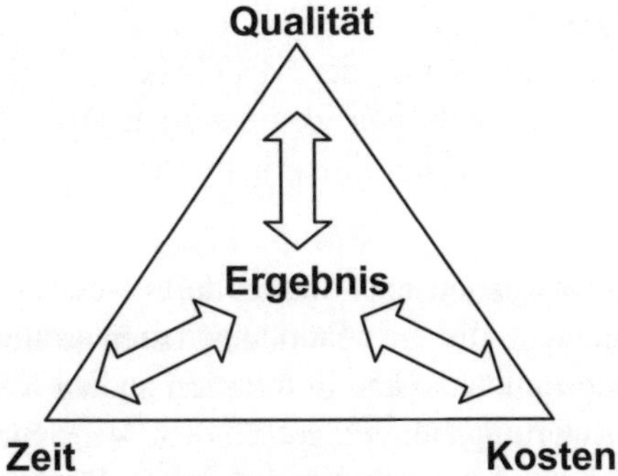

Abbildung 13: Das Dreieck der Dimensionenkonflikte

Das Ziel und die Dimensionen Qualität, Zeit und Kosten sind eindeutig definiert. Verändert sich nun, durch externe Einflüsse oder andere Faktoren, eine Dimension, kann diese Veränderung nur durch eine Anpassung der anderen Dimensionen kompensiert werden. Ist z. B. bei einem neuen Produkt die gewünschte Qualität in der gesetzten Zeit und mit dem festgelegten Budget nicht zu erreichen, kann der Endtermin verlängert werden und/oder das Budget erhöht werden. Sind Zeitraum und Budget fixiert, muss eine geringere Qualität akzeptiert werden. Stellt sich bei einer anderen Aufgabe heraus, dass das Ergebnis nicht in der gewünschten Zeit, aber in der definierten Qualität zu erreichen ist, muss über eine Erhöhung des Budgets nachgedacht werden. Sind jedoch Budget und Qualität gesetzt, muss der Zeitraum verlängert werden.

Die Abhängigkeit dieser Dimensionen untereinander ist gerade bei der Delegation von Aufgaben und Projekten nach außen wichtig, weil Sie bei der Definition des Zieles für sich selbst festlegen müssen, welche Dimension oder welche Dimensionen nicht veränderbar sein dürfen. Bei Delegation nach außen müssen Meilensteine und Teilziele so getaktet sein, dass frühzeitig Planabweichungen deutlich werden und durch Korrekturen kompensiert werden können. Im Briefinggespräch, dem Moment der Delegation, werden das Ergebnis und die Dimensionen Qualität, Zeit und Geld als Ziele definiert und übergeben. Durch kritische Prüfung der Machbarkeit, exakte Planung und das anschließende Commitment des externen Dienstleisters sind die Rahmenbedingungen gesetzt, innerhalb der das Ergebnis erreicht werden muss.

Nutzen Sie die Delegation nach außen da, wo es geht und wo Sie es für sinnvoll erachten. Die entstehenden Kosten sollten Sie nach dem Prinzip der Opportunitätskosten in Relation zu den Kosten setzen, die in Ihrem Verantwortungsbereich entständen, wenn Sie oder Ihre Mitarbeiter es selbst erledigen würden. In einigen Firmen wird die Delegation nach außen immer noch als fast philosophische Frage diskutiert und möglichst wenig extern beauftragt, weil man der Ansicht ist, das gesamte Know-how müsse das Unternehmen selbst generieren und vor allem dort bleiben. Aber nehmen Sie ein Beispiel: Wo ständen die Werbeagenturen dieser Welt, wenn jedes Unternehmen die Werbung selbst entwickeln und gestalten würde. Wäre die Werbung dann besser? Wäre sie preiswerter?

4.4 Delegationsprinzipien und -methoden

Delegation ist keine geheimnisvolle Kunst oder eine Begabung, die dem einen mehr und dem anderen weniger in die Wiege gelegt wurde, sondern eine erlernbare Technik, die durch den Einsatz bestimmter Methoden zu beherrschen ist. Wenn Sie entschieden haben, dass eine Aufgabe erledigt werden soll, wenn klar ist, dass nicht Sie, sondern einer Ihrer Mitarbeiter die Tätigkeit ausführen soll und Sie den *richtigen* Mitarbeiter identifiziert haben, beginnt die Delegation. Die Delegation ist nicht nur die „Überweisung" der Arbeit, sondern auch die Kommunikation über das Ergebnis und den Weg. Um motiviert mit der Arbeit beginnen zu können, benötigt Ihr Mitarbeiter aber noch eine weitere Information. Er sollte wissen, *warum* er diese Tätigkeit tun soll.

Es gibt Mitarbeiter, die fragen nach dem Grund der Delegation, bevor im Gespräch überhaupt über die Aufgabe als solche gesprochen worden ist und es gibt Mitarbeiter, die trauen sich nicht zu fragen, denken sich eine eigene Begründung und fangen an. Die Begründung, warum eine bestimmte Aufgabe zu erledigen ist, bestimmt den Sinn einer Handlung. Dieser Sinn ist eine entscheidende Triebfeder für die intrinsische Motivation des Mitarbeiters. Durch Sinnhaftigkeit aufgeladen wird die stupideste Arbeit zwar nicht schöner, aber der Mitarbeiter weiß wenigstens, warum er sie tun muss. Der Steinmetz, der Steine „klopft" und nicht weiß, was mit den Steinen geschehen soll, ist sicherlich wenig motiviert. Weiß er, dass aus diesen Steinen die schönste Kathedrale des Landes gebaut wird, hat seine Arbeit einen direkt zuzuordnenden Sinn und ein klares Ziel und er wird sehr viel motivierter und effizienter zu Werke gehen.

Weil der Sinn einer Arbeit so wichtig ist, müssen *Sie* bei jeder Delegation den Grund für die Arbeit vor dem Delegationsgespräch eruieren und diese Begründung dem Mitarbeiter mitteilen – und zwar unabhängig davon, ob Sie gefragt werden oder nicht. Um eine Delegation erfolgreich abschließen zu können, müssen Sie in der Lage sein, die sechs „W-Fragen" der Delegation zu beantworten. Nur dann können Sie dem Mitarbeiter unmissverständlich kommunizieren, was zu tun ist, welches Ziel es zu erreichen gilt, warum er es tun soll und welchen übergeordneten Zielen diese Aufgabe dient. Er weiß dann, welcher Zeitrahmen festgelegt wurde, welcher der Endtermin ist und welche Meilensteine und Zwischenziele definiert worden sind. Darüber hinaus ist festgelegt, welche Ressourcen er zur Erreichung des

Ziels zur Verfügung hat und in welchem Handlungsrahmen er sich selbständig bewegen kann.

1. **Was soll getan werden?**
2. **Wer soll es tun?**
3. **Warum soll er es tun?**
4. **Wie soll er es tun?**
5. **Wann soll es fertig sein?**
6. **Welche Ressourcen werden benötigt und bereit gestellt?**

Abbildung 14: Die 6 „W" der Delegation

Die Frage nach den benötigten Ressourcen ist deshalb so wichtig, weil hier über Manpower und Geld gesprochen werden muss. Ein Mitarbeiter kann eine Aufgabe vollständig eigenständig erledigen, er kann sich aber auch, um Zeit zu sparen oder sich das Leben etwas einfacher zu machen, „Hilfe" hinzukaufen. Falls das notwendig sein sollte, muss es vorher abgestimmt sein, damit diese Kosten geplant werden können.

Wie bereits erläutert, sollten Sie im Rahmen der Delegation, abhängig von der Erfahrung des Mitarbeiters, unterschiedliche Rollen annehmen und individuell auf den Mitarbeiter eingehen. Sie haben sich nun aufgrund der Erfahrung des Mitarbeiters entweder für die Rolle des Tutors, des Beraters oder des Coachs entschieden. Jeder Mitarbeiter legt aber ein anderes Verhalten an den Tag. Typische Verhaltensweisen von Mitarbeitern sind einerseits geprägt durch seine Erfahrungen, seine Leistungsfähigkeit und andererseits durch die Leistungsbereitschaft, seine Motivation. Nun gilt es für Sie als Führungskraft, in Ihrer Rolle als Tutor, der dem Mitarbeiter hilfreich zur Seite steht, als Berater, der ihn in seiner eigenverantwortlich ausgeführten Tätigkeit bei Problemen berät oder als Coach, der den Mitarbeiter „unauffällig“ und zurückhaltend begleitet, auf individuelle Verhaltensweisen des Mitarbeiters angemessen zu reagieren. Dieses angemessene Führungsverhalten verlangt schnelle und situative Entscheidungen, denn das Mitarbeiterverhalten bei der Delegation von Aufgaben ist nicht immer vorhersehbar, weil es einerseits vom Anspruch der Aufgabe und andererseits von der derzeitigen Verfassung und Belastung des Mitarbeiters abhängt.

Auf den folgenden Seiten haben wir beispielhaft fünf Typen von Mitarbeitern, ihr generelles Verhalten, das bei der Übertragung von Aufgaben und die Eignung oder „Nicht-Eignung“ für bestimmte Aufgaben dargestellt und jeder Verhaltensweise das adäquate Führungsverhalten gegenüber gestellt.

Der Anfänger

Mitarbeiterverhalten	Führungsverhalten
Erkennt Probleme nicht	Aufgabenstellung präzise und ausführlich formulieren Einzelne Schritte vorgeben Durchführung engmaschig überwachen
Spricht nicht über Schwierigkeiten	Probleme vordenken, strukturieren und als normal darstellen Problemlösungen und Hilfestellung anbieten
Zeigt Unsicherheit/Angst	Teilerfolge sichtbar und erlebbar machen, loben Beruhigen, Angst vor Sanktionen nehmen, Chancen aufzeigen
Denkt nicht in Alternativen	Alternative Wege aufzeigen, das Für und Wider von Alternativen besprechen

Der Motivierte

Mitarbeiterverhalten	Führungsverhalten
Stellt häufig Fragen	Auch wenn es manchmal schwer fällt, erklären Sie die Zusammenhänge Nehmen Sie sich Zeit, es lohnt sich
Prescht leicht vor, ist manchmal überhastet	Behutsam bremsen, keinesfalls blockieren Nutzen Sie seine Lernfähigkeit und Lernbereitschaft
Versucht mitzudenken, denkt (zu) weit voraus	Geben Sie einen klaren Rahmen zur autonomen Gestaltung vor Verringern Sie allmählich die Anleitung und enge Führung
Neigt zur Überschätzung	Stellen Sie Fragen, die Beantwortung regt zum Nachdenken an Lassen Sie in Grenzen Fehler zu, besprechen Sie Fehler und negative Erfahrungen

Der Könner

Mitarbeiterverhalten	Führungsverhalten
Kennt und reflektiert seine Aufgaben, entscheidet selbständig und hält Sie auf dem Laufenden	Nach Ergebnissen fragen Freiräume gewähren
Strahlt Engagement und Zuversicht aus	Leistung anerkennen und bestärken Durch Fördern stärker fordern
Erkennt kritische Punkte, sieht Gefahren rechtzeitig und macht selbständig Lösungsvorschläge	Entscheidungshilfe leisten und Vorschläge akzeptieren Eigene Erfahrungen mitteilen In schwierigere Projekte und Aufgabenstellungen involvieren
Er motiviert andere, hilft ihnen und unterstützt Sie als Führungskraft	Seine Loyalität und Kollegialität hervorheben Zunehmend mehr Verantwortung übertragen Perspektiven aufzeigen, Entwicklungsplan erstellen

Der Resignierte (hat ein Problem)

Mitarbeiterverhalten	Führungsverhalten
Zeigt wenig Engagement, ergreift keine Initiative	Durch gezieltes Fragen zweiseitige Kommunikation erreichen Wer fragt, führt das Gespräch und den Mitarbeiter
Zieht sich zurück, kommuniziert wenig, verliert Sozialkontakte	An früheres positives Verhalten erinnern und anknüpfen Gemeinsame Erfolge ansprechen und abrufen „Soziale“ Aufgaben an ihn delegieren
Wirkt mürrisch bis aggressiv, uninteressiert	Verhalten konkret ansprechen Gesprächsangebot machen, Gründe für die Resignation eruieren, Hilfe anbieten
Versucht, andere Mitarbeiter negativ zu beeinflussen	Dringender Handlungs- und Gesprächsbedarf (Konfliktgespräch) Ggf. auch mit den betroffenen Mitarbeitern sprechen Keine Teamaufgaben, nur Einzelaufgaben delegieren

Der Verweigerer (ist das Problem)

Mitarbeiterverhalten	Führungsverhalten
Meidet den Kontakt zu Ihnen, geht Ihnen aus dem Weg	Bestehen Sie auf regelmäßigem Kontakt, Rücksprachen und Reporting Ergreifen Sie notfalls die Initiative
Kritisiert und negiert nahezu alles, was von ihm verlangt wird	Fragen Sie nach Gründen und verlangen Sie konstruktive Vorschläge Nur noch Delegation von C-Aufgaben und keine Projektarbeit
Vernachlässigt seine Aufgaben, bringt schlechte Ergebnisse, informiert nicht bei Abweichungen	Verstärkte Kontrolle der Arbeitsergebnisse Engste Meilensteintermine Offenes, dokumentiertes Konfliktgespräch, arbeitsrechtliche Schritte
Ist zynisch, ironisch und macht sich über Kollegen und deren Arbeit lustig	Andere Mitarbeiter mit einbeziehen und stützen und zum Gespräch mit ihm animieren

Persönlichkeitsstruktur, das individuelle Verhalten, die Leistungsfähigkeit und die Leistungsbereitschaft bestimmen also Ihr individuelles Führungsverhalten bei der Delegation von Aufgaben. Auch wenn Ihnen diese individuelle Vorgehensweise recht kompliziert und aufwendig erscheint, wenn Sie die Prinzipien einhalten und die zur Verfügung stehenden Methoden nutzen, werden Sie erfolgreicher bei der Delegation, Aufgaben werden effektiver und effizienter erledigt, Ihre Mitarbeiter werden gestärkt in ihrer intrinsischen Motivation und Ihre Rolle als Führungskraft wird gefestigt

Ungeachtet der individuellen Leistungsfähigkeit und Leistungsbereitschaft des Mitarbeiters sollten Sie zwei Prinzipien neben der ausführlichen und unmissverständlichen Einweisung und Information immer beachten:

- Versuchen Sie, möglichst dauerhaft gleichartige oder ähnliche Auf gaben an dieselben Mitarbeiter zu delegieren und den Anspruch langsam zu steigern.
- Delegieren Sie vollständige, abgeschlossene Aufgaben und nur selten isolierte Teilaufgaben, da sonst der inhaltliche Sinn aus Sicht des Mitarbeiters nur schwer zu entwickeln ist.

Entscheidend für den Erfolg der Delegation sind aber nicht nur die Prinzipien und Methoden, die zur eigentlichen Übertragung von Arbeit notwendig sind, sondern insbesondere auch die Methoden zur Kontrolle des gesamten Delegationsprozesses. Auch wenn es Ihre Maxime ist, Ihre Mitarbeiter kooperativ zu führen und sie zum eigenverantwortlichen Handeln mit der damit verbundenen „freiwilligen Selbstkontrolle“ zu motivieren und „erziehen“, so geht auch das nicht ohne die Kontrolle durch Sie. Die Kontrolle setzt allerdings erst spät ein und ist bestimmt durch Vertrauen in die Kontrolle durch den Mitarbeiter. Einer der kritischsten Punkte in der Delegation ist die Einhaltung von vereinbarten Terminen. Diese Termine, Teilschritte, Meilensteine und Endtermine gilt es in jedem Fall zu halten und daher zu kontrollieren. Eine einfache Checkliste, die sowohl für den einzelnen Mitarbeiter geführt werden kann als auch für einen ganzen Bereich, hilft Ihnen Aufgaben in ihrer Entwicklung nachzuhalten und zu kontrollieren. Sie kontrollieren nicht primär den Mitarbeiter, sondern den Status der Zielerreichung.

Aktivität	Wer	Meilensteine	Erl.	Endtermin
Befragung Kundenzufriedenheit	Müller	Briefing Marktforschungsinstitut 11.07.02	X	Präsentation Ergebnisse 15.10.02
		Start Feldarbeit 05.08.02	X	
		Ende Feldarbeit 13.09.02		
		Vorabergebnisse 01.10.02		
Anschaffung neuer Hardware	Meier	3 Vergleichsangebote bis 31.07.02	X	Arbeitsfähig bis 30.09.02
		Entscheidung für Anbieter, Kostenplanung 11.08.02	X	
		Probelauf, Softwarekonfiguration 16.09.02		

Abbildung 15: Checkliste II

Anhand dieser Delegationsliste können Sie in Besprechungen oder persönlichen Rücksprachen mit Mitarbeitern erledigte Teilaufgaben und Meilensteine im wahrsten Sinne des Wortes „abhaken". Der Einfachheit halber finden Sie in der Liste unter „Aktivität" nur eine kurze Beschreibung des eigentlichen Ziels oder der Aufgabe. Das soll Sie aber nicht davon entbinden, Ziele und Aufgaben eindeutig zu formulieren – hier ist es lediglich eine Gedächtnisstütze.

Bevor wir zum Delegationsgespräch, seiner Vorbereitung, Durchführung und seinem Abschluss kommen, eine Zusammenfassung der einzelnen Schritte des Delegationsprozesses:

- Sie haben das Ziel, abgeleitet aus übergeordneten Zielen, eindeutig priorisiert.
- Sie haben entschieden, ob die Aufgabe von einem Ihrer Mitarbeiter ausgeführt wird, oder ob Sie sie extern vergeben.
- Sie haben den „richtigen" Mitarbeiter ausgewählt und haben seine Persönlichkeit, seine Qualifikation und seine Leistungsbereitschaft berücksichtigt.
- Sie haben die Aufgabenstellung klar und eindeutig formuliert und wissen, was genau von Ihrem Mitarbeiter erledigt werden soll.
- Sie werden Ihrem Mitarbeiter die Zusammenhänge offenlegen, warum es wichtig ist, diese Arbeit zu tun.
- Sie haben eine klare Vorstellung, wie der Mitarbeiter die Aufgabenstellung erfolgreich bewältigen kann.
- Sie werden den Weg, die einzelnen Maßnahmen, von Ihrem Mitarbeiter entwickeln lassen und in Abhängigkeit seiner Erfahrung korrigierend steuern.
- Sie kennen die Ressourcen, die notwendig sind, um das Ziel in der gewünschten Qualität zu erreichen.
- Der Endtermin ist gesetzt und mit übergeordneten Zielen und Aufgaben abgestimmt.

– Sie haben in Abhängigkeit der Qualifikation und Leistungsbereitschaft des Mitarbeiters Zwischenziele bzw. Meilensteine definiert.
– Sie haben Urlaubszeiten und geplante Abwesenheiten bei Planung der Zeitachse berücksichtigt.
– Sie werden die Delegation in eine Delegationsliste übernehmen.

So vorbereitet, können Sie gelassen in das Delegationsgespräch gehen. Ihre Mitarbeiter werden es zu schätzen wissen, Aufgaben so klar und präzise delegiert zu bekommen. Jetzt ist es „nur" noch Ihre Aufgabe, Termine und Meilensteine nachzuhalten und bei Abweichungen oder Problemen regulierend und helfend einzugreifen. Die Delegationsliste ist Ihre Gedächtnisstütze, anhand der Sie den Fortschritt der delegierten Tätigkeit gemeinsam mit dem Mitarbeiter überprüfen und besprechen können.

Apropos Gedankenstütze. Was nützt die schönste und beste Delegationsliste, wenn man sie nicht zur Hand hat, wenn man sie braucht oder selber wichtige Termine vergisst, weil man die Liste verlegt hat. Ein gut funktionierendes Wiedervorlagesystem verhindert solche „Missgeschicke" und trägt dazu bei, immer sicher sein zu können, alle wichtigen Termine einzuhalten und Arbeiten fristgerecht zu erledigen. In diesem Zusammenhang sei darauf hingewiesen, dass ein nicht erreichtes delegiertes Ziel, eine Aufgabenstellung, die nicht in der geplanten Zeit von einem Mitarbeiter erledigt werden konnte, dem betreffenden Mitarbeiter nicht als Fehler anzulasten ist, sondern es ist ein *Führungsfehler*. Die Führungskraft hat versäumt, sich *rechtzeitig* über den Status der Aufgabe zu informieren.

Welches ist nun das „richtige" Wiedervorlagesystem? Zugegeben, es gibt nicht *das einzigrichtige* Wiedervorlagesystem, sondern jede Führungskraft muss mit dem System arbeiten, mit dem sie persönlich, bezogen auf die individuelle Funktion, zurechtkommt. Wer z. B. viel unterwegs ist, sollte eine mobile Wiedervorlage haben. So können in den üblichen Zeitplanungsbüchern wichtige Termine auf speziellen

Formblättern erfasst werden oder im „Palm-Top" abgespeichert werden. Wenn Sie jedoch hauptsächlich von Ihrem Schreibtisch aus arbeiten und vielleicht zusätzlich sogar Ihrer Sekretärin und Mitarbeitern Zugang zu Ihrer Wiedervorlage ermöglichen möchten, ist das folgende System ein praktikables, simples und effizientes.

Exkurs: Wiedervorlage

Sie benötigen einen Hängeregisterauszug in Ihrem Schreibtisch und 43 Hängeregistermappen. 31 davon für die Tage des aktuellen Monats und 12 für die übrigen 12 Monate des roulierenden Jahres, also immer Januar bis Dezember.

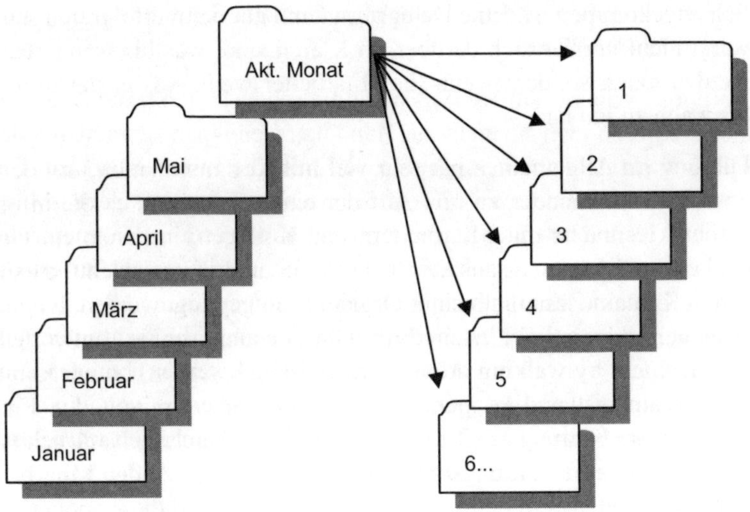

Abbildung 16: Wiedervorlagesystem

Alle Terminsachen des laufenden Jahres werden sukzessiv immer in der Mappe des Monats abgelegt, wo wichtige Termine anstehen bzw. kontrolliert werden müssen. Mit Beginn eines jeden Monats sortieren

Sie den Inhalt der dann aktuellen Monatsmappe in die 31 Tagesmappen. Tagesaktuell sind Sie so immer informiert, was erledigt oder abgestimmt werden muss. Richtig zugeordnet und einsortiert, können Sie so eigentlich nichts mehr vergessen.

4.5 Das Delegationsgespräch

„Die höchste Form der Kommunikation ist der Dialog!" (August Everding). In jedem Gespräch gilt es, den Dialog zu erreichen, denn nur durch den Dialog sind wir in der Lage, Informationen zu Emotionen und Einstellungen unseres Gesprächspartners zu erhalten und durch Rückmeldung zu erfahren, was bei unserem Gegenüber tatsächlich angekommen ist. Eine Delegation kann nur dann erfolgreich sein, wenn nicht nur *Sie* sich darüber im Klaren sind, was bis wann getan werden muss, sondern wenn Ihr Mitarbeiter weiß, was er genau und bis wann zu tun hat.

Führung im Allgemeinen hat sehr viel mit Kommunikation, mit dem Sprechen miteinander zu tun. Auf der einen Seite sind es die informellen Gespräche mit Mitarbeitern und Kollegen, in denen ein Gedanken- und Meinungsaustausch stattfindet und die so wichtigen sozialen Kontakte innerhalb einer Organisation gepflegt werden. Es gibt Manager, die, gefragt nach ihrer Führungsphilosophie, antworten: Management by walking around. Das hört sich sehr schön an, klingt nach Teamgeist und kooperativer Führung und vermittelt den Eindruck, diese Führungskraft sei Gleicher unter Gleichen. Natürlich ist es gut, wenn eine Führungskraft häufig den Kontakt zu den Mitarbeitern sucht und sich integrativ verhält. Allerdings sind diese spontanen Gespräche in informeller Umgebung nicht geeignet, wichtige und verbindliche Dinge miteinander zu vereinbaren. Der Manager, der seine Mitarbeiter in ihren Büros „überfällt", um ihnen mal eben eine Aufgabe zu delegieren – und das womöglich noch nach einem persönlichen Gespräch als Einleitung –, macht einen Führungsfehler, weil er dem Mitarbeiter nicht die Möglichkeit gibt, sich auf das Gespräch vorzubereiten. *Er* ist vorbereitet, der Mitarbeiter nicht!

Effizient und effektiv wird ein Gespräch, eine Besprechung oder eine Konferenz erst dann, wenn sich alle Beteiligten vorbereitet haben. Vorbereiten kann man sich aber nur auf etwas, was geplant ist oder von dem man weiß, dass es zu einem bestimmten Zeitpunkt eintreten wird. Folglich bedarf es hier des formalen Aktes einer Einladung oder einer Terminvereinbarung. Jede formale zielgerichtete Kommunikation in einem Unternehmen ist also vorzubereiten und zu planen und besteht immer aus den fünf Teilen:

- Vorbereitung
- Eröffnung
- Durchführung
- Abschluss
- Nachbereitung

Auch beim Delegationsgespräch, oder dem Mitarbeitergespräch, in dem über bereits delegierte Aufgaben und deren Status gesprochen werden soll oder in dem neue Ziele übertragen werden sollen, ist die Einhaltung dieser Punkte wichtig. Es ist ein formales Gespräch, das wichtig ist sowohl für die Führungskraft als auch für den Mitarbeiter. Das Delegationsgespräch stellt deshalb sehr hohe Anforderungen an Sie, weil es gilt, einen Mitarbeiter zu überzeugen, Ziele umzusetzen und in Ihrem Sinne zu handeln – und das auch noch mit hoher Motivation. Diese Überzeugungsarbeit ist, je nach Mitarbeiter, nicht ganz einfach und bedarf gerade dann guter Vorbereitung.

Vorbereitung

Das klassische Mitarbeitergespräch, das auf bilateraler Ebene geführt wird, findet normalerweise im Büro der Führungskraft statt. Es kann aber genauso im Büro des Mitarbeiters oder in einem Besprechungsraum geführt werden. Hauptsache ist, Sie sind für den anberaumten Zeitraum ungestört, denn Hektik ist der Feind des Konstruktiven. Ungestört bedeutet hier auch, sich wirklich ausschließlich auf das Gespräch zu konzentrieren. So ist es z. B. eine Unart einiger Führungskräfte, während Gesprächen mit Mitarbeitern vermeintlich wichtige Telefonate zu führen und den Mitarbeiter warten zu lassen. Findet das Gespräch im Rahmen eines regelmäßigen Rücksprachetermins statt, ist eine Terminabstimmung natürlich nicht nötig. Ansonsten sollte mit ausreichendem Zeitvorlauf ein Termin vereinbart werden. Generell gilt, folgende Punkte in der Vorbereitung eines (Delegations-) Gespräches zu berücksichtigen:

- Termin ist vereinbart
- Dauer der Gespräches ist terminiert
- Inhalte der Besprechung sind bekannt
- Raum ist reserviert und bekannt
- Visualisierungshilfen – falls erforderlich – sind vorhanden
- Führungskraft und Mitarbeiter haben ausreichend Zeit, sich vorzubereiten

Wenn es in diesem Gespräch nicht nur darum geht, laufende Projekte und Tätigkeiten zu besprechen, sondern auch darum gehen wird, neue Aufgaben zu delegieren, sollten und können Sie Ihrem Mitarbeiter nicht *vor* der Besprechung mitteilen, worum es sich bei den neuen Aufgaben exakt handelt. Er sollte jedoch wissen, dass nicht nur das Tagesgeschäft Thema sein wird, sondern auch neue Herausforderungen. Er kann sich so mental darauf einstellen und ist nicht überrascht.

Eröffnung und Durchführung

Beginnen Sie pünktlich! Beginnen Sie das Gespräch auf der emotionalen „Beziehungsebene" mit ein paar persönlichen Fragen und Statements – das schafft eine angenehme und entspannte Atmosphäre. Legen Sie nochmals den Zeitrahmen fest, der selbstverständlich gerne unterschritten werden darf, aber niemals überschritten und nennen Sie die Punkte, die aus Ihrer Sicht wichtig sind. Fragen Sie auch zu Beginn, ob es aus Sicht des Mitarbeiters weitere Themen gibt, die besprochen werden sollten.

Besprechen Sie erst die laufenden Aktivitäten, Sie erhalten so einen Überblick, wie es um die Aus- oder Belastung Ihres Mitarbeiters steht. Falls Probleme aufgetreten sind oder mit Planabweichungen zu rechnen ist, hat das einen Einfluss haben auf das Zeitkontingent, das dem Mitarbeiter für neue Aufgaben zur Verfügung steht. Sofern Sie und Ihr Mitarbeiter mit Delegationslisten arbeiten, sind erreichte Teilziele und Meilensteine schnell „abgehakt" und Abweichungen identifiziert. Aber klären Sie erst alle „Altlasten", bevor Sie über neue Aufgaben sprechen.

Erläutern Sie nun die neue Tätigkeit, definieren Sie das Ziel und schildern Sie die Hintergründe, warum diese Aufgabe notwendig ist. Je anspruchsvoller und einmaliger die zu delegierende Aufgabe ist, desto wichtiger ist es, das Ziel, den Endstatus *schriftlich* zu fixieren. Dies sollte bereits vor der Besprechung durch Sie erfolgt sein. Geben Sie Ihrem Mitarbeiter genügend Zeit, die Aufgabe zu reflektieren und überprüfen Sie hoch sensibilisiert anhand seines Feedbacks und seiner Fragen, ob er die Aufgabenstellung verstanden hat. Bitten Sie ihn dann, Ihnen den Weg aufzuzeigen, wie er das Ziel erreichen wird. Je nach Leistungsbereitschaft und Leistungsfähigkeit beraten Sie ihn in der Wegfindung oder korrigieren den Weg. Ziel ist es jedoch, sich hier und jetzt auf den Weg und die Rahmenbedingungen zu verständigen.

Handelt es sich um eine sehr komplexe oder aufwendige Aufgabe, kann es sinnvoll sein, um den Mitarbeiter nicht zu überfordern, *sofort* einen neuen Termin anzusetzen, während dem der Mitarbeiter seine Weg skizzieren kann. Er hat dann genügend Zeit, sich ausreichend Gedanken zu machen und wird sicherer sein Commitment zur Zielerreichung abgeben. Sind Weg und Rahmenbedingungen vereinbart, werden Teilziele und Meilensteine festgelegt und auf der Delegationsliste oder einem Aktionsplan mit der jeweiligen Terminstellung fixiert.

In diesem Gespräch ist der Dialog das Ziel und nicht das Überzeugen des Mitarbeiters durch Monologe der Führungskraft. Hören Sie zu, stehen Sie Fragen und Einwänden offen gegenüber und akzeptieren Sie gute Vorschläge. Wenn Sie „aktiv“ zuhören und selber Fragen stellen, bekommen Sie ein sicheres Gefühl dafür, wie der Mitarbeiter dieser Aufgabe gegenübersteht und wieviel Hilfe und Begleitung er auf seinem Weg benötigt. Fassen wir zusammen:

- Pünktlich beginnen
- angenehme Gesprächsatmosphäre schaffen
- Tagesordnungspunkte festlegen
- Zeitrahmen definieren
- Status laufender Tätigkeiten erörtern
- Neue Ziele und Aufgaben formulieren
- Hintergründe aufzeigen
- Feedback geben lassen und aktiv zuhören
- Weg und Rahmenbedingungen festschreiben (ggf. später)
- Teilziele, Meilensteine und Termine fixieren
- Zeitrahmen einhalten
- neuen Termin vereinbaren

Abschluss und Nachbereitung

Beenden Sie das Gespräch wieder auf der „Beziehungsebene“ ohne Hast und Eile. Hier hat der Mitarbeiter noch einmal Zeit und Gelegenheit, Bedenken und Ängste zu äußern. Dokumentieren Sie nicht die Haltung: *Ich habe jetzt nichts mehr damit zu tun, das ist jetzt Sache des Mitarbeiters!*, sondern weisen Sie ausdrücklich darauf hin, dass Sie bei Problemen und Schwierigkeiten gerne ansprechbar sind. Das ist schließlich auch in Ihrem Sinne, denn nur so werden Abweichungen frühzeitig erkannt und eine Kurskorrektur ist dann noch möglich. Sofern Delegationslisten oder Aktionspläne zentral geführt werden, werden diese entweder von Ihnen oder Ihrem Mitarbeiter (muss vorher definiert sein!) aktualisiert und an alle betroffenen Stellen verteilt. Die zeitnahe Information wirklich aller Betroffenen verhindert das „Not-invented-here-Syndrom", bei dem der Mitarbeiter, weil er eben überhaupt nicht, nicht ausreichend oder zu spät informiert worden ist, keine Identifikation zu der Aufgabenstellung finden kann und sie folglich innerlich ablehnt.

Leider werden in den Delegationsgesprächen teilweise durch mangelhafte, Kommunikation und Vorbereitung bereits Fehlerquellen initiiert, die dann im Prozessverlauf dazu führen, dass Aufgaben nicht in der notwendigen Qualität, Quantität oder Zeit erledigt werden können. Die häufigsten Fehler oder Missverständnisse aus Sicht der *Mitarbeiter* haben wir in einer Seminarreihe zum Thema „Delegation" erarbeitet. Diese Fehler, Unklarheiten oder Ausflüchte sollten durch Gespräche mit Ihnen nicht entstehen:

– Aufgabenstellung ist für den Mitarbeiter unklar
– Prioritäten sind unklar, was soll zuerst erledigt werden?
– Mitarbeiter fragt: „Warum gerade ich?"
– Mitarbeiter glaubt: Das Ziel ist unrealistisch
– Führungskraft weiß nicht um die Belastung des Mitarbeiters
– Führungskraft ist schlecht vorbereitet, weiß nicht, was sie will
– Mitarbeiter fühlt sich unter- oder überfordert
– Führungskraft bestimmt Ziel und Weg, nimmt Vorschläge nicht an
– Aufgabe gehört nicht in den Aufgabenbereich des Mitarbeiters
– Notwendigkeit der Aufgabe ist unklar
– Führungskraft steht nicht hinter der Aufgabe
– Unliebsame Aufgabe der Führungskraft wird auf den Mitarbeiter abgeschoben

– Angst vor der Aufgabe
– Aufgabe wird als Arbeitsbeschaffungsmassnahme verstanden

Viele dieser Problemfelder drücken die Unsicherheit der Mitarbeiter aus, nicht zu wissen was genau und vor allen Dingen warum getan werden muss. Oftmals liegt es aber nicht (nur) an fehlerhafter Vorbereitung der Führungskraft, sondern es ist ein reines Kommunikationsproblem, wo eine Diskrepanz zwischen Sender und Empfänger besteht. Der Sender (Führungskraft) glaubt, er hat alle notwendigen Informationen „gesendet“, der Empfänger (Mitarbeiter) hat aber ein anderes Informationsbedürfnis, weil er anders denkt und Dinge auf anderem Wege hinterfragt. Finden beide nicht eine gemeinsame kommunikative Ebene, geht zwangsläufig Information verloren.

Exkurs: Denkmodelle

Warum ist die Verständigung in Gesprächen so schwer? Warum gelingt es nicht immer, anderen mitzuteilen, was wir denken und welche Intentionen wir haben? Jeder von uns denkt in Modellen, abgespeicherten, in sich abgeschlossenen Handlungen oder Informationsketten. Es ginge auch gar nicht anders, denn unser Gehirn wäre nicht in der Lage, Informationen losgelöst von anderen Informationen abzulegen und nach einem bestimmten Zeitraum wieder abrufbar zu machen. Viele Informationen speichert das Gehirn in Bildern und „Kurzfilmen“, die dann bei Bedarf, als Ganzes abgerufen werden. Wenn Sie sich z. B. an den Namen des netten Restaurants im letzten Frankreich-Urlaub erinnern möchten, läuft, bevor Sie den Namen erinnern, ein kleiner Film ab: Sie wissen, mit wem Sie dort waren, Sie wissen, was Sie gegessen haben, Sie wissen, dass Ihre Tochter ein Glas umgeworfen hat, Sie wissen, der Kellner war freundlich, Sie wissen, wie das Wetter war – und dann fällt Ihnen auch der Name ein!

Diese Modelle sind wichtig, denn sie helfen uns, die Vielzahl von Informationen, die täglich auf uns „niederprasseln“, überhaupt verarbeiten zu können. Im Berufsleben ist das nicht anders. Bestimmte wiederkehrende Aufgaben sind ebenfalls als komplexes Modell abgespeichert und das Erinnerungsvermögen funktioniert nach dem „Wenn-Dann-Prinzip“. *Wenn* eine bestimmte Situation eintritt, die ähnlich schon einmal bewältigt worden ist, wissen wir sofort, was *dann* zu tun ist. Das ist unsere Erfahrung.

Je häufiger ähnliche Situationen auftreten, desto leichtfertiger gehen wir mit dem „Wenn-Dann-Prinzip“ um. Wir hören die erste Sequenz eines Satzes und sofort sucht unser Gehirn nach entsprechend abgespeicherten Denkmodellen. Während wir damit beschäftigt sind, nach den zur ersten Sequenz des Satzes passenden Denkmodellen zu suchen, hören wir unserem Gesprächspartner nicht mehr konzentriert zu und verpassen den Rest des Satzes. Oder wir lesen eine Information nur oberflächlich und unkonzentriert, sofort ruft unser Gehirn ähnliche, vermeintlich passende und bekannte Modelle ab. Haben wir ein Modell gefunden, ist die Handlung klar. Ebenso, wie beim letzten Mal. Das genaue Lesen und Hinhören, das gezielte Fragen und Hinterfragen, sind deshalb so wichtig, weil nur dadurch verhindert werden kann, dass die falschen Schubladen in unserem Gehirn gezogen werden. Das Fatale ist, Denkfehler merkt man nicht sofort und sie verlaufen zunächst schmerzfrei!

Am Beispiel von drei einfachen Fragen möchten wir die möglicherweise falsche Zuordnung zu bestimmten Denkmodellen erläutern. Die Antworten und die Erklärung des gewählten Denkmodells erhalten Sie im folgenden Text.

Bitte beantworten Sie die drei Fragen spontan und intuitiv:

1. Ein Arzt gibt Ihnen drei Tabletten und sagt: „Nehmen Sie alle 30 Minuten eine Tablette.“ Für wie lange reichen die Tabletten?

2. Wie viele Tiere jeder Art hat Moses mit auf die Arche genommen?

3. Einige Monate haben 31 Tage, andere 30 Tage. Wie viele Monate haben 28 Tage?

Anmerkung: Das Abrufen von falschen Denkmodellen funktioniert übrigens besser, wenn die Fragen nicht gelesen werden, sondern wenn sie Dritten vorgelesen werden.

Antwort zu Frage 1: Eine Stunde. Die erste Tablette nehmen Sie sofort, die nächste in 30 Minuten und die dritte in 60 Minuten. Auch wenn die Wirkung 90 Minuten anhält, so sind die Tabletten nach 60 Minuten verbraucht. Das Denkmodell entspringt der Grundschule und sagt: 3 mal 30 sind 90, also 1 ½ Stunden und damit falsch!

Antwort zu Frage 2: Keines. Nicht Moses hat die Arche gebaut, sondern Noah! Das Modell ist klar: Man denkt, einfache Frage, steigt nicht tiefer in die Frage ein, ist in der biblischen Schublade des Gehirns und denkt an das Schiff, das das Überleben der Fauna sichergestellt hat. Man konzentriert sich nur auf die Frage nach „wie viel Tiere?" und neigt dazu, den Namen zu überlesen. Das nennt man dann auch selektive Wahrnehmung.

Antwort zu Frage 3: Alle. Hier verläuft das Denkmodell wie folgt: Ein Monat mit 28 Tagen ist ungewöhnlich, also konzentrieren wir uns auf die 28 und sind damit sofort beim Februar. Auch hier scheint die Antwort leicht. Durch zusätzliche, für die eigentliche Frage redundante Informationen, nämlich die, dass es Monate mit 30 und Monate mit 31 Tagen gibt, wird unser Gehirn fehlgeleitet. Aber faktisch haben alle Monate 28 Tage.

Diese Beispiele möchten Ihnen vermitteln, wie wichtig es ist, in einem Delegationsgespräch bei einem Mitarbeiter durch zu viel oder zu wenig Information nicht die falschen Denkmodelle abzurufen. Gerade bei ähnlichen Tätigkeiten oder vermeintlich einfachen Arbeiten ist die Gefahr von Missverständnissen, der „falschen Schublade", das Abrufen der nicht passenden Erfahrungen außerordentlich groß. Verhindern können Sie das Abrufen der falschen Denkmodelle nur, in dem Sie dem Mitarbeiter ausreichend Gelegenheit geben, seinen Weg die Aufgabe zu lösen, zu skizzieren. Sie realisieren dann sehr früh, ob der Mitarbeiter und sein Gehirn den richtigen Weg eingeschlagen hat.

Nebenbei bemerkt hat jeder Mensch seine eigenen und ganz individuellen Denkmodelle. Das, was für Sie klar ist und bei Ihnen als funktionierendes Modell abgespeichert ist, kann bei Ihrem Mitarbeiter ganz anders sein.

4.6 Strategien der Rückdelegation, Widerstände und Konfliktfelder erkennen und abfedern

Bis jetzt sind wir in diesem Buch davon ausgegangen, dass Delegation immer reibungslos abläuft. Sie wissen, dass das nicht so ist und dass es im Führungsalltag ganz anders sein kann. Die Delegation von Zielen, Aufgaben und Tätigkeiten ist tatsächlich einfacher und effektiver, wenn man strukturiert vorgeht und methodisch richtig an den richtig ausgewählten Mitarbeiter delegiert. Da wir uns unsere Mitarbeiter aber nicht „malen" können, haben wir es auch häufig mit schwierigen, ablehnenden, unmotivierten und delegationsresistenten Mitarbeitern zu tun.

Viele Mitarbeiter neigen mit den unterschiedlichsten Begründungen dazu, wenn Sie ihnen Aufgaben delegieren möchten, diese Aufgabe an Sie zurückzudelegieren oder die Erledigung an bestimmte Bedingungen zu knüpfen. Vermeiden Sie aber strikt alle Versuche der Rückdelegation. Wenn für Sie die Aufgabe klar ist und Sie sich entschieden haben, von wem sie zu erledigen ist, dann soll es auch so bleiben. Es darf wirklich nur in wenigen Ausnahmefällen, bei besonders guter nachvollziehbarer Begründung durch den Mitarbeiter geschehen, dass Sie einen Delegationsversuch zurücknehmen. Gelingt es aber Mitarbeitern häufiger, Ihre Delegationsversuche abzuweisen, spricht sich das herum, Sie verlieren Ihr Standing und Ihre Führungsautorität und die Delegation von Aufgaben wird immer schwieriger.

Ähnlich verhält es sich bei fehlerhaft oder unvollständig erledigter Arbeit. Entbinden Sie keinen Mitarbeiter von der Pflicht, Aufträge *gewissenhaft* und *vollständig* auszuführen. Geben Sie eine fehlerhafte oder unvollständig geleistete Arbeit sofort an den Mitarbeiter zurück und erledigen Sie sie nicht selbst. Es ist nicht nur die Zeit, die Sie zur Optimierung dieser einen Tätigkeit aufwenden, denn die nächste Aufgabe des Mitarbeiters wird wahrscheinlich wieder nicht vollständig erledigt sein. Was machen Sie dann? Wieder selbst optimieren? Ein Mitarbeiter merkt sich, welche Qualität ausreicht, um eine Tätigkeit als erledigt betrachten zu können und wird auch in Zukunft nicht mehr vollständige Arbeit leisten. Es geht aus ja offensichtlich auch mit weniger Einsatz.

Es gibt gewisse Kategorien oder Techniken, mit denen Mitarbeiter teilweise erfolgreich versuchen, Delegation abzuwehren und sie an Sie zurückzugeben. Ihre Mitarbeiter sind erfinderisch und kreativ bei der Abwehr, deshalb werden wir einige der „gängigsten" Techniken auf den nächsten Seiten behandeln.

Die „Mitleid-Technik"

Mitarbeiter: „Chef, ich weiß nicht, wie ich das alles schaffen soll!", oder „Chef, andere in unserer Abteilung haben immer viel weniger zu tun!"

Der Mitarbeiter appelliert an Ihr gutes Herz und Ihr Mitgefühl. Sind Sie sich sicher, dass der Mitarbeiter nicht mehr belastet ist als seine Kollegen und Sie die Arbeit gerecht „unter allen Mitarbeitern verteilen", sollten Sie stringent auf der Delegation der Aufgabe bestehen. Bitten Sie jedoch den Mitarbeiter, Ihnen alle Arbeiten, an denen er derzeit arbeitet, zu nennen. Arbeitet er an vielen unwichtigeren Aufgaben oder an Routinearbeiten, soll *er* Ihnen einen Vorschlag machen, welche Tätigkeiten er liegen lassen muss und wie lange, um die neue Aufgabe zu erledigen. Dann können Sie entscheiden, was zu tun ist. Wahrscheinlich wird der Mitarbeiter das nicht spontan in diesem Gespräch können. Deshalb sollten Sie einen Termin in den nächsten Tagen vereinbaren, an dem *er* vorschlägt, wie die Tätigkeit geleistet werden wird. Aber bestehen Sie auf Ihrem Standpunkt und entbinden Sie ihn nicht schon vorab von anderen Aufgaben.

Die „Hilflosen-Technik"

Mitarbeiter: „Chef, wie geht das?"

Hier versucht der Mitarbeiter die Aufgabe zurückzudelegieren, in dem er vermittelt, dass er eigentlich gar nicht der richtige Mitarbeiter ist und es für Sie viel zu zeitintensiv wäre, es ihm zu erklären. Diese Technik ist beliebt und funktioniert mit anderen, ähnlichen Formulierungen auch recht gut. Hier gibt es zwei Möglichkeiten: Wenn Sie wissen, es ist der richtige Mitarbeiter und er ist auch in der Lage die Tätigkeit auszuführen, weil er ähnliche Arbeiten bereits erfolgreich erledigt hat, soll *er* skizzieren, wie er die Aufgabe angehen würde. Erst dann greifen Sie regulierend und korrigierend ein. Aber der Mitarbeiter ist derjenige, der handelt! Wenn Sie hingegen wissen, es ist der richtige Mitarbeiter, er hat eine solche Arbeit aber noch nicht erledigt, weil sie in Ihrem Bereich das erste Mal vorkommt oder Sie den Mitarbeiter gezielt fördern und entwickeln möchten, dann sind Sie als Tutor gefragt, der gemeinsam mit dem Mitarbeiter den Weg entwickelt und ihn auf diesem begleitet.

Die „Berater-Technik"

Mitarbeiter: „Chef, was halten Sie von folgender Idee ...? Das kann man doch auch ganz anders machen!"

Entweder versucht der Mitarbeiter hier, Sie bewusst zu verunsichern und Sie aus Ihrem Denkmodell zu bringen oder er ist ein guter, reflektierter Mitarbeiter, der einfach eine gute Idee hat. Lassen Sie ihn in beiden Fällen seine Idee entwickeln, aber nehmen Sie ihm weder die delegierte Aufgabe ab, noch entwickeln *Sie* die Idee zu Ende. Selbstverständlich ändert sich dabei an den Normen der Aufgabe, an der Qualität, Quantität und Zeit, absolut nichts! Ist die Idee entwickelt, der Weg beschrieben, können Sie entscheiden, wie die Arbeit erledigt wird. Wenn ein Mitarbeiter tatsächlich versucht, eine Arbeit bewusst kompliziert und aufwendig auszuführen, müssen Sie ihm auf den rechten Weg helfen – das heißt, aus den vom Mitarbeiter erarbeiteten Ideen die Besten heraus zu filtern.

Die „Kopplungs-Technik"

Mitarbeiter: „Chef, wenn Sie mir ... zur Verfügung stellen, dann bin ich sogar noch früher fertig!"

Auch in diesem Fall kann es verschiedene Gründe geben, warum der Mitarbeiter die Annahme einer Tätigkeit von einer Begründung abhängig macht. Entweder, es ist für ihn eine willkommene Gelegenheit, eine Forderung zu stellen, die ihm schon lange am Herzen liegt, oder er ahnt, dass Sie auf seine Forderung nicht eingehen werden und denkt, das sei dann ein guter Grund, die Arbeit einfach abzulehnen. Wie dem auch sei. Lassen Sie sich nicht auf solche Kopplungsgeschäfte ein. Die Arbeit braucht nicht einen Tag früher abgeschlossen zu sein. Es wird natürlich Fälle geben, wo die Notwendigkeit besteht, zusätzliche Ressourcen zur Verfügung zu stellen. Überprüfen Sie eine beschriebene Notwendigkeit kritisch und hinterfragen Sie die Konsequenzen, die entstehen würden, wenn die gewünschten Ressourcen nicht zur Verfügung gestellt werden. Einfach „früher fertig als geplant" und „notwendig" sind keine Gründe.

Die „Drama-Technik"

Mitarbeiter: „Nein, ich finde, da sollten Sie als Chef anrufen. Der Kunde ist nicht nur wichtig, sondern er ist auch Meinungsbildner. Wenn da etwas schief geht ...!"

Jetzt wird es wirklich dramatisch! Bei ängstlichen Führungskräften funktioniert diese Technik übrigens recht gut. Der Mitarbeiter verleiht der übertragenen Aufgabe Wichtigkeit und Dramatik. Für Sie muss sich hier die Frage stellen, ob der Mitarbeiter wirklich verunsichert ist und Angst hat, etwas falsch zu machen oder ob er sehr wohl den Kunden anrufen könnte aber es einfach nicht möchte. Ist ein Mitarbeiter verunsichert, sollten Sie nicht von der Delegation absehen, sondern ihm Hilfe und Unterstützung anbieten. In diesem Fall sollte der Mitarbeiter selbst telefonieren, wenn die Situation schwierig wird oder Probleme auftauchen, können Sie immer noch eingreifen und dem Mitarbeiter hilfreich zur Seite stehen. Der Mitarbeiter, der lediglich nicht will, muss anrufen, sonst delegiert er das nächste Telefonat auch an Sie zurück. Aber Vorsicht! Der Mitarbeiter droht mit: „Wenn da etwas schief geht ...!“. Möglicherweise wird das zu einer „Selffulfilling-Prophesy“ und die Sache geht wirklich schief. Lassen Sie deshalb den Mitarbeiter unmittelbar nach dem Telefonat Bericht erstatten, welches Ergebnis das Telefonat gebracht hat.

Die „Verbrüderungs-Technik“

Mitarbeiter: „Chef, hier sind wir als Abteilung gefordert, das betrifft nicht nur mich, sondern alle Kollegen.“

Jede Aufgabe, die in einem Bereich, einer Abteilung geleistet wird, betrifft den gesamten Bereich – dennoch muss sie nicht von allen gemacht werden. Es ist schön, dass sich der Mitarbeiter Gedanken über den Gemeinsinn der Abteilung macht. Sie haben sich jedoch entschieden, dass *der* Mitarbeiter die Aufgabe erledigt – und dabei soll es auch bleiben. Ist die Aufgabe eine von großer Tragweite und der Mitarbeiter ist verunsichert, ob er es alleine schaffen kann und möchte nichts falsch machen, dann bieten Sie Hilfe an und beraten und begleiten ihn bei der Umsetzung. Aber, er ist derjenige, der die Aufgabe erledigt.

Die „Schuldzuweisungs-Technik"

Mitarbeiter: „Das betrifft doch gar nicht unseren Bereich. Das haben wir doch noch nie machen müssen!"

Der Mitarbeiter will sagen, dass *Sie* eine Aufgabe angenommen haben, die gar nicht in *Ihren* Aufgabenbereich gehört. Der Mitarbeiter glaubt oder gibt vor zu glauben, Sie hätten versagt, weil Sie die Aufgabe eigentlich hätten ablehnen müssen. Er versucht nun, Ihnen die Schuld dafür zuzuweisen, dass er jetzt diese undankbare Aufgabe erledigen muss. Machen Sie ihm anhand der übergeordneten Ziele klar, dass die Aufgabenstellung sehr wohl in Ihren Bereich gehört – auch wenn sie vielleicht neu oder ungewöhnlich ist. Sagen Sie ihm, dass jede neue Aufgabe eine Herausforderung darstellt und er sich mit entsprechend positivem Abschluss der Tätigkeit profilieren kann. Ist die Aufgabe wirklich so neu und ungewöhnlich, sollten Sie sich den Weg, den der Mitarbeiter zur Bearbeitung dieser Herausforderung beschreiten will, sehr detailliert schildern lassen und den Arbeitsverlauf in kurzen Zeitabständen überprüfen.

Die „Torero-Technik"

Mitarbeiter: „Das ist eine interessante Aufgabe. Aber mein Kollege kann das viel besser für Sie erledigen und hat außerdem mehr Zeit als ich."

Der Mitarbeiter springt zur Seite und möchte die Aufgabe an sich vorbei laufen lassen. Er versucht Ihnen klar zu machen, dass Sie den falschen Mitarbeiter ausgewählt haben. Haben Sie aber nicht, sondern Ihre Entscheidung ist bewusst gefällt und richtig. Sagen Sie dem Mitarbeiter, dass Ihre Entscheidung feststeht und Sie davon überzeugt sind, dass er die Aufgabe hervorragend in der vorgesehenen Zeit erledigen kann. Aber auch bei dieser Aussage sollten Sie zwischen *„kann ich nicht"* und *„will ich nicht"* unterscheiden. Will er es nicht tun, sollten Sie darauf achten, dass er nicht heimlich die Aufgabe oder Teile davon an den Kollegen abgibt und es von ihm erledigen lässt.

Glaubt der Mitarbeiter, er könne die Aufgabe nicht erledigen, lassen Sie sich von ihm erläutern, wie er vorgehen wird. Anhand dieser Schilderung können Sie entscheiden, wieviel Unterstützung und Hilfe er auf seinem Weg benötigt.

Die „Ping-Pong-Technik"

Mitarbeiter: „Chef, ich hatte Ihnen schon vor zwei Jahren gesagt, dass wir das erledigen müssen. Damals haben Sie gesagt, es gäbe wichtigere Dinge. Und jetzt soll das auf einmal so wichtig sein!"

Ziele ändern sich, Prioritäten ändern sich und neue kommen hinzu. Ihr Mitarbeiter muss wissen, um motiviert mit der Arbeit zu beginnen, warum er eine Aufgabe erledigen soll. Begründen Sie, warum die Tätigkeit jetzt sehr wohl notwendiger und wichtiger ist als vor zwei Jahren. Sie halten sich genau so wie vor zwei Jahren im Sinne des Unternehmens an vereinbarte Ziele und Prioritäten. Es war damals Ihre, aus den strategischen Zielen abgeleitete Entscheidung, es nicht zu tun. Heute hat die Aufgabe eine andere Priorität, weil sich die Ziele geändert haben oder neue hinzu gekommen sind. Also muss die Aufgabenstellung jetzt erledigt werden. Und zwar von Ihrem Mitarbeiter.

Die „Chaos-Technik"

Mitarbeiter: „Chef, Sie wissen gar nicht, was hier in den letzten Tagen los war. Ich bin noch nicht dazu gekommen, mit der neuen Aufgabe anzufangen. Vielleicht kann das ein Kollege übernehmen oder mich unterstützen?"

Nein! Offensichtlich hat der Mitarbeiter versäumt, Sie *frühzeitig* darüber zu informieren, dass er Termine nicht einhalten kann. Geben Sie jetzt nach, wird der Mitarbeiter bei jeder weiteren Aufgabe versuchen, sie auszusitzen und nach einiger Zeit wieder an Sie zurückzudelegieren. Machen Sie den Mitarbeiter unmissverständlich auf sein

Versäumnis aufmerksam und lassen Sie sich erläutern, woran er in den letzten Tagen so mit Hochdruck gearbeitet hat. Waren es Dinge von untergeordneter Priorität – und das muss so sein, sonst hätte er die neue Aufgabe gar nicht annehmen dürfen – ändert sich an der delegierten Aufgabe nichts. Dann ist das einzig und allein sein Problem, denn er hat *eigenständig* Prioritäten verändert! Setzen Sie nun Zwischenziele sehr knapp, damit Sie sicher sein können, dass die Aufgabe in der geplanten Zeit erledigt ist.

Die „Pyromanen-Technik"

Mitarbeiter: „Das geht nicht! Hier brennt es an allen Ecken!"

Zweierlei will der Mitarbeiter Ihnen mitteilen. Erstens: Ich will die Aufgabe nicht. Zweitens: Sie haben Ihren Bereich nicht im Griff und merken nicht, dass es überall brennt. In der Ruhe liegt die Kraft! Reduzieren Sie das Gespräch primär auf das individuelle Problem des Mitarbeiters, nämlich warum er die Aufgabe nicht erledigen kann. Bringen Sie ihn zurück auf seine eigene Funktion und Position. Hat er tatsächlich Panik und ist so überfordert, dass er das Gefühl hat, nicht nur bei ihm brennt es, sondern auch um ihn herum, dann braucht er Hilfe. Helfen Sie ihm, seine Aufgaben und die jeweiligen Prioritäten zu sortieren und zu strukturieren und bitten Sie ihn, Ihnen einen Aktivitätenplan zu entwickeln, wie er gedenkt, alle Aufgaben seines Verantwortungsbereiches erfolgreich zu erledigen. Erst wenn der Mitarbeiter erklärt hat, wie und bis wann er die neue Aufgabenstellung erledigt haben kann, sollten Sie ich fragen, warum er denkt, es brenne überall. Aber erst dann, wenn sein eigenes Spielfeld aufgeräumt ist. Wahrscheinlich ist er dann auch ein bisschen ruhiger.

Bei jedem Versuch der Rückdelegation oder der Delegationsverweigerung sollten Sie überprüfen, warum der Mitarbeiter so handelt und daran die Maßnahmen orientieren, die sie ergreifen, damit die delegierte Aufgabe von dem betreffenden Mitarbeiter auch erfolgreich ausgeführt werden kann. Wie in den exemplarischen Beispielen dargestellt, sind es zwei hauptsächliche Gründe, die zu einer Rückdelegation oder einer Delegationsverweigerung führen: Erstens, der Mitarbeiter *will* die Aufgabe nicht erledigen oder zweitens, er *kann* die Aufgabe nicht erledigen. Kann er sie nicht erledigen – oder besser, glaubt er sie nicht erledigen zu können, braucht der Mitarbeiter Hilfestellung von Ihnen. Gerade Mitarbeiter, die Sie durch die Übertragung einer anspruchsvollen Aufgabe fördern wollen, sollten Sie beraten und begleiten. Die Mitarbeiter werden sich sicherer fühlen und motivierter an die Lösung auch schwieriger Aufgaben herangehen.

Ein ernstes Problem sind die echten Verweigerer. Die Gründe für die wirkliche Verweigerung sind vielschichtig und oftmals auch nicht mehr zu ergründen. Tatsache ist, dass Sie als Führungskraft auch mit diesen Mitarbeitern zurecht kommen müssen und auch diesen Mitarbeitern Aufgaben delegieren müssen. Nur durch Druck, Sanktionen und Zwang werden Sie auf Dauer nichts erreichen. Sie kommen mit einem derartig gelagerten Mitarbeiter nur weiter, wenn Sie das Problem mit ihm offen und konstruktiv ansprechen. Versuchen Sie herauszufinden, ob er sich von Ihnen ungerecht oder schlecht behandelt fühlt und ob er selbst Lösungsansätze sieht, um aus seiner Misere herauszukommen. Gehen Sie immer davon aus, dass diese Situation auch dem Mitarbeiter keinen Spaß machen kann und helfen Sie ihm sich selbst zu helfen. Fragen Sie ihn, ob es Dinge in Ihrem Bereich gibt, die er gerne machen würde, mit denen er aber bis jetzt noch nicht betraut worden ist. Seien Sie in diesen Gesprächen aber weniger Therapeut als vielmehr Fragen stellender, beratender Partner. Vielleicht findet sich ein Aufgabengebiet, in dem der Mitarbeiter wieder motivierter und damit effektiver arbeiten kann.

Die Hilfe zur Selbsthilfe, Ihre Beratung und Begleitung eines Mitarbeiters in für ihn schwierigen Situationen, ist deshalb sinnvoll, weil nur der Mitarbeiter selbst die Verantwortung für sein Handeln hat. Er muss derjenige sein, der seine Situation reflektiert und daraus die Folgen für seine Zukunft ableitet. Sind ausschließlich Sie derjenige, der Handlungsfelder und Zukunftsszenarien beschreibt, wird der Mitarbeiter diese – weil es nicht seine eigenen sind - ablehnen. Sollte es allerdings so sein, dass Sie auch mit Gesprächen und Gesprächsangeboten nicht weiterkommen und sich die Verweigerungshaltung nicht ändert, haben Sie keine andere Möglichkeit, als disziplinarische und arbeitsrechtliche Schritte einzuleiten. Wenn Sie sich sicher sind, Gespräche führen nicht mehr weiter und an der unglücklichen Situation wird sich in absehbarer Zeit nichts ändern, dann ergreifen Sie diese Schritte *sofort*. Jedes weitere Warten ändert nichts, sondern macht die Situation noch verfahrener und wirkt sich negativ auf die anderen Mitarbeiter aus.

Aber noch einmal: Nehmen Sie nur in absoluten Ausnahmefällen eine Delegation zurück. Sie dokumentieren damit, wenn es häufiger passiert, dass Sie Ihre Mitarbeiter und deren Auslastung entweder nicht ausreichend einschätzen können oder dass Sie sich nicht durchsetzen können. In beiden Fällen wäre es ein gravierender Führungsfehler.

Delegation hat sehr viel mit Vertrauen zu tun. Vertrauen in sich selbst, nämlich loslassen zu können und Verantwortung zu übertragen, und Vertrauen in den Mitarbeiter, der Glaube an seine Leistungsfähigkeit und Leistungsbereitschaft. Sie können nicht jede delegierte Aufgabe detailliert nachhalten und ständig überprüfen, ob alles so läuft, wie es mit dem Mitarbeiter vereinbart wurde. In einigen Fällen werden Sie auch zweifeln, ob es richtig war, die Aufgabe zu delegieren oder ob es der richtige Mitarbeiter war, an den Sie delegiert haben. Trotzdem müssen Sie als Führungskraft delegieren und zwar nicht nur die einfachen und simplen Tätigkeiten, sondern auch anspruchsvolle und fordernde. Aufkeimende Sorgen oder Befürchtungen im Rahmen der Delegation können durch Fragen häufig bereits *vor* oder *während* des Erledigungsprozesses minimiert werden. Sie müssen nur die richtigen Fragen stellen – sich selbst und dem Mitarbeiter.

Sorgen einer Führungskraft

Der Mitarbeiter könnte scheitern.

Haben Sie die Ziele und Hintergründe unmissverständlich beschrieben? Sind die Teilziele und Meilensteine so gesetzt, dass Sie frühzeitig eingreifen können? Ist der beschriebene Weg der richtige, halten Sie ihn wirklich für realistisch und praktikabel? Haben Sie den Mitarbeiter ermuntert, bei Problemen auf Sie zu zu kommen? Welche Auswirkungen hätte ein Scheitern des Mitarbeiters für *Sie*?

Der Mitarbeiter scheint überfordert zu sein.

Haben Sie den richtigen Mitarbeiter ausgewählt oder fällt bei ihm die Delegation nur am einfachsten? Traut sich der Mitarbeiter, mit Ihnen offen über Schwierigkeiten und Probleme zu reden? Lassen Sie solche Gespräche zu, oder legen Sie diese Gespräche als Schwäche aus? Kennen Sie den Belastungsgrad des Mitarbeiters und konnte der Mitarbeiter die Tragweite der Aufgabe überblicken? Haben Sie sein Feedback eingeholt?

Der Mitarbeiter könnte Fehler machen.

Welche Fehler sind möglich? Wann erfahren Sie die Fehler? Sind Ihnen die Fehler oder Schwierigkeiten bewusst, die bei einer ähnlichen Tätigkeit aufgetreten sind? Haben Sie versucht, die Gründe für diese Fehler zu beseitigen? Lassen Sie Fehler zu, oder haben Ihre Mitarbeiter Angst, Fehler einzugestehen? Haben Ihre Mitarbeiter Vertrauen zu Ihnen, in Ihre fachliche Kompetenz, in Ihre emotionale Kompetenz?

Das kann niemand so gut wie ich.

Ist das wirklich so? Haben Sie durch Anleitung und Beratung Ihren Mitarbeiter tatsächlich in die Lage versetzt, die Aufgabe erfolgreich zum Abschluss zu bringen? Wollen Sie überhaupt, dass ein Mitarbeiter etwas so gut kann wie Sie? Lassen Sie den Erfolg eines Mitarbeiters auch „nach außen" zu? Delegieren Sie nur die Aufgabe oder auch den daraus resultierenden Erfolg?

Ist der Mitarbeiter bereit, die Verantwortung zu übernehmen?

Haben Sie dem Mitarbeiter die Verantwortung überhaupt angeboten? Haben Sie dem Mitarbeiter genügend Freiraum an Befugnissen eingeräumt, um die Verantwortung zu übernehmen? Haben Sie ihn langsam daran gewöhnt, Verantwortung zu übernehmen? Ist Ihnen klar, dass selbstverantwortliches Handeln bedeuten kann, dass ein Mitarbeiter anders handelt als Sie gehandelt hätten und trotzdem Erfolg hat? Lassen Sie das zu?

Sie sind selbst unter Druck Ihrer Führungskraft.

Belastet Sie der Druck? Geben Sie den Druck unvermindert an Ihre Mitarbeiter weiter? Spüren Ihre Mitarbeiter, dass *Sie* unter Druck stehen? Ist der Druck begründet, erreichen Sie Ihre Ziele nicht oder nur teilweise? Liegt es an Ihnen oder weisen Sie die Schuld Ihren Mitarbeitern zu?

Bei der Beantwortung dieser Fragen geht es nicht darum, welche Antwort falsch oder welche Antwort richtig ist. Es geht nur darum, dass Sie jede dieser Fragen *überhaupt* beantworten können. Je mehr dieser Fragen Sie beantworten können, je mehr Sie Ihr eigenes Verhalten und das Ihrer Mitarbeiter reflektiert haben, desto klarer wird Ihnen sein, dass Ihre Entscheidungen richtig und fundiert sind. Und das macht Sie sicherer und selbstbewusster als Führungsautorität. Wenn Sie dann auch noch die Frage: *Führen Sie Ihre Mitarbeiter so, wie Sie selbst gerne geführt werden möchten?* mit einem „ja" beantworten können, werden Sie authentisch führen, sie brauchen sich nicht zu verstellen und Sie werden eine hohe Übereinstimmung Ihres Selbstbildes mit Ihrem Fremdbild erreichen.

4.7 Ergebnisse kontrollieren

„Vertrauen ist gut, Kontrolle ist besser“, hat Lenin einmal gesagt. Ziele, Ergebnisse, Meilensteine, Teilaufgaben und alle Tätigkeiten müssen kontrolliert werden. Anhand der Vorgabe, des vereinbarten Zieles wird der Grad der Zielerreichung festgestellt. Im Zusammenhang mit dem schrecklichen Wort „Kontrolle“ stellen sich drei Fragen:

1. *Wer kontrolliert?*
2. *Was wird kontrolliert?*
3. *Wann wird kontrolliert?*

Wir postulieren den selbstverantwortlichen Mitarbeiter und Führungskräfte, die ein selbstverantwortliches Handeln nicht nur zulassen, sondern fördern. Ein selbstverantwortlich handelnder Mitarbeiter handelt aber nicht nur, sondern überprüft sukzessiv das Ergebnis seiner Arbeit. Deshalb ist das Vertrauen der Führungskraft in die selbstverantwortliche Kontrolle durch den Mitarbeiter noch besser als die Gegenüberstellung von Vertrauen und Kontrolle. Bildhaft gesprochen funktioniert der Kontrollprozess durch den Mitarbeiter so, wie in einer Getränkeabfüllfabrik. Befüllte Flaschen laufen an einem automatischen Kontrollgerät vorbei. Sind alle Flaschen ordnungsgemäß gefüllt, passiert nichts, erfolgt keine Meldung. Nur wenn eine nicht richtig gefüllte oder fehlerhafte Flasche an der Kontrollstation vorüberläuft, wird der Arbeitsprozess gestoppt, der Fehler wird gemeldet, analysiert und beseitigt. Dann wird der Arbeitsprozess wieder in Gang gesetzt.

Soll heißen: Wenn Sie Ihre Mitarbeiter kooperativ führen und sie zum selbstverantwortlichen Handeln anhalten, geschieht die *Primärkontrolle*, die Kontrolle des eigentlichen Arbeitsprozesses, ausschließlich durch den Mitarbeiter. Keine Meldung bedeutet folglich: Alles entwickelt sich wie geplant. Es ist wie bei der Flaschenfüllstandkontrollmaschine: Sie meldet auch nicht bei jeder richtig gefüllten Flasche, dass sie in Ordnung ist, sondern meldet lediglich Abweichungen. Die *Endkontrolle* wird allerdings dann durch Sie gemeinsam mit Ihrem Mitarbeiter durchgeführt. Das Wort Endkontrolle führt uns zur zweiten Frage: *Was wird kontrolliert?* Wenn keine Abweichungen oder Probleme auftreten, werden durch Sie als Führungskraft immer nur vereinbarte Aufgabenstellungen zum vereinbarten Zeitpunkt überprüft. Das können ganze, abgeschlossene Arbeitspakete sein, aber auch Teilaufgaben oder Meilensteine. Das hängt dann von der Komplexität, dem Anspruch der Tätigkeit und der individuellen Leistungsfähigkeit des Mitarbeiters ab.

Es spricht für das strukturierte und berechenbare Vorgehen einer Führungskraft, ihre Mitarbeiter nicht ständig und überall, zu jeder noch so unpassenden Gelegenheit, nach dem Status laufender Projekte zu fragen. Die Antworten, die diese Führungskraft erhält, müssen auch nicht zwangsläufig richtig sein, weil der Mitarbeiter, ohne Gelegenheit der Vorbereitung, „überfallen“ worden ist und möglicherweise nur eine unpräzise Antwort geben kann. Und, wer mit unpräzisen Aussagen seine eigene Planung steuert, kann nicht präzise die Ergebnisse erreichen, an denen er wiederum gemessen wird. Die Bringschuld eines Mitarbeiters, die Information über Abweichungen und Probleme ist *immer* nicht nur zulässig, sondern notwendig. Die Holschuld einer Führungskraft nur im Rahmen vereinbarter Termine.

Im Grunde gibt es in Bezug auf die Kontrolle von Ergebnissen zwei verschiedene Typen von Managern. Der Erste ist der „Grüne-Lampe-Manager“, der mittels der grünen Lampe immer informiert sein möchte, dass alles wie geplant in geregelten Bahnen läuft. Der Zweite ist der „Rote-Lampe-Manager“, dem die rote Lampe lediglich Abweichungen und Probleme signalisieren soll. Der „Grüne-Lampen-Manager“ hat schrecklich viel zu tun, weil er immer darauf achten muss, ob die grüne Lampe noch leuchtet. Der „Rote-Lampe-Manager“ kann gut loslassen und somit auch gut delegieren. Er vertraut darauf, dass die rote Lampe – oder seine Mitarbeiter – frühzeitig auf Abweichungen hinweisen. Vertrauen Sie Ihren Mitarbeitern genauso, wie der Werksleiter in der Getränkeabfüllfabrik seiner Flaschenfüllstandskontrollmaschine. Letztendlich spart es Ihnen und ihren Mitarbeitern eine Menge Zeit und Sie sind als „Rote-Lampe-Manager“ berechenbar und transparent.

5. Verantwortung geben und nehmen

Wir sind nicht nur für das
verantwortlich, was wir tun,
sondern auch für das,
was wir nicht tun!

Molière

„Verantworten"

Verantwortung bedeutet mehr, als *hinterher* zu beantworten, warum ein Ziel nicht erreicht worden ist oder eine Aufgabe nicht erledigt werden konnte. Es ist sicherlich kein Zufall, dass in dem Wort „verantworten" das Wort „antworten" steckt. Wenn Mitarbeiter zu Zielen, Arbeitsabläufen und Maßnahmen nicht gefragt werden, können sie nicht antworten und damit aktiv Verantwortung übernehmen. Mitarbeiter, die *anweisungsgemäß* handeln oder handeln müssen, haben nicht die Möglichkeit gehabt, nein zu sagen und damit die Verantwortung abzuweisen. Somit handeln sie nicht eigenverantwortlich, sondern sehen die Verantwortung bei dem, der ihnen die Aufgabe übertragen hat. Mitarbeiter übernehmen mit hoher Bereitschaft Aufgaben, wo sie das Ziel, den Weg und die Maßnahmen beeinflussen konnten. Erst dann ist selbstverantwortliches Handeln, getragen von intrinsischer Motivation, möglich. Gefragt zu werden und die Möglichkeit des Antwortens zu haben bedeutet, sich mit einer Fragestellung zu beschäftigen ohne, dass die Antwort bereits im Vorfeld feststeht.

Vollkommen losgelöst davon, wie Verantwortung übertragen und übernommen wurde, tragen für ein positives Ergebnis meistens viele die Verantwortung. Alle sonnen sich im Erfolg und waren natürlich maßgeblich am Prozess beteiligt. Es ist ja auch so schön, Bestandteil eines „Winning-Teams" zu sein. Bei einem Misserfolg wird die Verantwortung wie eine „heiße Kartoffel" herumgereicht, bis der Verantwortliche, in diesem Fall der Schuldige, gefunden ist. Gewinnt ein Sportler bei den Olympischen Spielen eine Medaille, waren alle, bis zum Zeugwart und Koch, an diesem Ergebnis beteiligt. Stürzt der Sportler, sind es nicht das Team oder der Trainer, sondern wie schon oft in Statements von Trainern und Sportlern gehört, die z. B. widrigen äußeren Bedingungen.

Was bedeutet Verantwortung zu geben und Verantwortung zu übernehmen? Wir alle kennen Sätze wie: *„Das ist aber jetzt Ihre Verantwortung!"* Das klingt drohend und ist in vielen Fällen auch so gemeint. Verantwortung wird hier nicht im Rahmen einer komplexen

Aufgabenstellung *übergeben*, sondern die Verantwortung wird einem Handelnden in einem Moment *zugeschoben*, wo etwas droht schief zu gehen, wenn derjenige, der eigentlich die Verantwortung trägt, aus seinem Teil der Verantwortung aussteigt, um hinterher, wenn es dann wirklich schief gegangen ist, sagen zu können: *„Ich habe ihn ja gewarnt"* oder *„das habe ich ja so kommen sehen"*. Diese Form der Übertragung von Verantwortung ist aus Sicht eines Mitarbeiters natürlich alles andere als motivierend, denn die Verantwortung wird dann zu einer Bürde, die ausschließlich auf seinen Schultern lastet und der er sich kaum noch entziehen kann.

Auch für eine Führungskraft ist diese Art der Übertragung von Verantwortung gefährlich. Letzten Endes bleibt sie dafür verantwortlich, was ihre Mitarbeiter tun und wie sie dabei vorgehen. Im Moment der Gefahr aus der Verantwortung auszusteigen ist nicht angemessen und statthaft, weil die Führungskraft an den Ergebnissen ihrer Mitarbeiter gemessen wird. Wenn ständig Aufgaben unerledigt bleiben oder unvollständig erledigt werden, kann sie zwar versuchen, es den Mitarbeitern „in die Schuhe zu schieben", wird aber langfristig dabei keinen Erfolg haben. Die Mitarbeiter sind zunehmend demotiviert, weil sie keine Erfolge haben und die Führungskraft muss die Misserfolge in dem von ihr verantworteten Bereich wiederum vor ihrer Führungskraft vertreten. Dann nützt es wenig, darauf hinzuweisen, dass ausschließlich die Mitarbeiter dafür verantwortlich sind und sie, die Führungskraft, ihre „Hände in Unschuld wäscht".

Verantwortung muss also gegeben und in gleichem Maße angenommen werden. Beide Seiten müssen sich darüber im Klaren sein, was es einerseits bedeutet, die Verantwortung abzugeben und andererseits die Verantwortung zu übernehmen. Eine gute Führungskraft droht nicht mit Verantwortung, sondern bespricht mit dem Mitarbeiter den Handlungsspielraum, in dem sich der Mitarbeiter im Rahmen des selbstverantwortlichen Handelns bewegen kann. Vereinbaren beide Seiten diesen Rahmen, wird die Verantwortung übergeben.

5.1 Der Reiz des selbstverantwortlichen Handelns

Die Delegation nicht nur von Aufgaben und Tätigkeiten, sondern die Delegation einer Aufgabenstellung mit der dazu gehörenden Verantwortung, trägt natürlich auch zur Entlastung einer Führungskraft bei. Diese Entlastung ist gewollt und wichtig für die Erhaltung bzw. Schaffung der Freiräume, die jede Führungskraft braucht, um wichtige, nicht delegierbare Aufgaben zu erledigen. Als wirkliches Führungsinstrument eingesetzt, schafft die Delegation von Verantwortung aber nicht nur diese notwendigen Freiräume, sondern regt die Mitarbeiter zum selbstverantwortlichen Handeln an.

Zugegeben, der Terminus des *selbstverantwortlichen Mitarbeiters* „verkommt" in der Managementliteratur der heutigen Zeit geradewegs zum Modewort. Jeder spricht davon, jeder strebt es an, denn es ist ja auch so schön, von sich als Führungskraft behaupten zu können, man habe seine Mitarbeiter so „im Griff", dass sie alle Aufgaben selbstverantwortlich erledigen und man selbst habe die Freiräume, die man sich wünscht und die man braucht, um die so wichtigen strategischen Aufgaben zu erledigen. Diese Darstellung erfolgt aber viel zu einseitig nur aus Sicht der Führungskraft. Entscheidender für den langfristigen Erfolg und die nachhaltige Motivation der Mitarbeiter ist, wie die Führung zum selbstverantwortlichen Handeln auf die Mitarbeiter wirkt und welche Potenziale hier freigesetzt werden.

Versetzen Sie sich in die Situation Ihrer Mitarbeiter. Was möchten Ihre Mitarbeiter und was erwarten Ihre Mitarbeiter von Ihnen, wenn Sie ihnen Aufgaben *anbieten*? Ja, anbieten, denn selbstverständlich werden Tätigkeiten normalerweise nicht gegen den Willen des Mitarbeiters delegiert, sondern die Übertragung von Aufgaben ist eine Vereinbarung zwischen Ihnen und dem Mitarbeiter. Ihre Mitarbeiter sollten erwarten können:

– eine eindeutige Aufgabenstellung
– die klare Priorität der Aufgabe
– definierte Kompetenzen und Rahmenbedingungen
– einen realistischen Zeitrahmen
– Transparenz möglicher Konsequenzen der Tätigkeit

Die Konsequenz der Tätigkeit verdeutlicht dem Mitarbeiter, welche Folgen die erfolgreiche Erledigung der Aufgabe für ihn *persönlich* hat oder vice versa, was passiert, wenn er an der Aufgabe scheitert. Die Priorität der Aufgabe ist orientiert an übergeordneten Zielen des Unternehmens. Diese Priorität spiegelt die Wichtigkeit der Aufgabe im Gesamtkontext des Unternehmens wider. Die Priorität für den einzelnen Mitarbeiter kann aber eine ganz andere sein. So kann z. B. eine Aufgabenstellung, die aus Unternehmenssicht lediglich eine C-Priorität darstellt, für den Mitarbeiter höchste Priorität haben, weil sein Erfolg an der Erledigung dieser Aufgabe gemessen wird.

Ein Mitarbeiter wird eine Aufgabe nur dann motiviert übernehmen, wenn ihm die Konsequenzen seines Handelns bewusst sind. Er überblickt dann nicht nur die Tragweite der Tätigkeit für das Unternehmen, sondern auch die Tragweite für sich persönlich. Wenn er diese Tragweite sowohl im positiven als auch im negativen Sinne realisiert und verinnerlicht hat, kann er daraus sein ganz persönliches Ziel ableiten und selbstverantwortlich handeln. Er muss für sich die Frage nach dem: „Was passiert, wenn..." eindeutig beantworten können und darf sich der Konsequenzen nicht unsicher sein. Dann wird ein Mitarbeiter eine Verantwortung auch übernehmen wollen.

Bei der Delegation von Verantwortung sollten Sie immer die beiden Dimensionen der Motivation, die intrinsische und die extrinsische Motivation des betreffenden Mitarbeiters berücksichtigen. Ihr Mitarbeiter ist intrinsisch motiviert, wenn er sich mit der Aufgabe identifizieren kann und er davon überzeugt ist, dass er sie auch tatsächlich zum erfolgreichen Abschluss bringen kann. Extrinsisch motivieren Sie ihn über die Konsequenzen der positiven Erledigung und daraus resultierender Anreize. Die Motivation Ihres Mitarbeiters wird dann besonders hoch sein, wenn er nicht nur das *was* er tut eigenverantwortlich bestimmen kann, sondern vor allem das *wie* er es tut.

Eine Aufgabe ist für Ihre Mitarbeiter dann reizvoll, wenn er eigenverantwortlich handeln kann und nicht von seiner Führungskraft vorgeschrieben bekommt, wie er sie zu erledigen hat. Kooperative Führung bedeutet im Hinblick auf die Delegation, dass der Mitarbeiter zwar die Verantwortung für das Handeln in vereinbarten Grenzen trägt, die Gesamtverantwortung für das Ergebnis aber *kooperativ*, d. h. gemeinsam getragen wird.

Die Führungskraft verantwortet, dass die *richtigen* Unternehmensziele angesteuert werden und die Ziele des verantworteten Bereichs erreicht werden. Der Mitarbeiter wird gefragt, wie er *seine* – die übertragenen – Ziele erreichen möchte und welche Maßnahmen er zur Zielerreichung wählt. Wenn er dann antwortet, seinen Weg schildert und sich Führungskraft und Mitarbeiter auf diesen Weg einigen, wird die Verantwortung übertragen.

Der Reiz für Sie als Führungskraft liegt darin, dass Sie bei der Delegation von Aufgabe *und* Verantwortung nicht nur Zeit und Kapazitäten gewinnen, weil nicht Sie die Aufgabe erledigen. Sie erreichen zusätzlichen Freiraum, weil Sie weniger kontrollieren müssen und durch das selbstverantwortliche Handeln des Mitarbeiters weniger Zeit darauf verwenden müssen, den Weg, auf dem sich der Mitarbeiter befindet, zu korrigieren. Delegieren Sie nur die Aufgabe, wird der Mitarbeiter Sie fragen, wie er sie Ihrer Meinung nach erledigen soll. Geht etwas schief, macht er Sie dafür verantwortlich und „lehnt sich zurück“, denn schließlich haben Sie den Weg vorgegeben. Also müssen auch Sie die notwendigen Korrekturen vornehmen. Handelt der Mitarbeiter eigenverantwortlich, ist er für den Weg verantwortlich. Läuft hier etwas nicht planmäßig, ist er es, der die notwendigen Korrekturen vornehmen muss. Erst wenn er wirklich nicht mehr weiter weiß, wird er Sie um Rat bitten und Sie können gemeinsam, kooperativ eine Problemlösung erarbeiten.

Die Übertragung und die Übernahme von Verantwortung hat sehr viel mit Vertrauen zu tun. Sie brauchen Selbstvertrauen in sich selbst, um loslassen zu können und Vertrauen in die Leistungsfähigkeit und Leistungsbereitschaft des Mitarbeiters, um die Verantwortung abzugeben. Der Mitarbeiter benötigt Selbstvertrauen, um die Aufgabe eigenständig bearbeiten zu wollen und Vertrauen in Sie und Ihre Kooperationsbereitschaft, die ihn auffängt, wenn er Probleme oder Schwierigkeiten haben sollte.

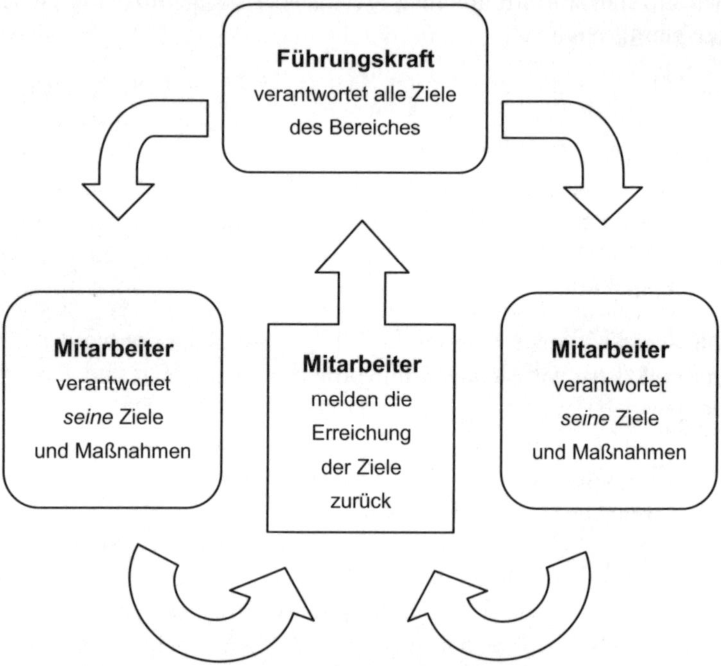

Abbildung 17: Fluss der Verantwortung

Eine Führungskraft verantwortet die Erreichung aller Ziele ihres Bereiches vor wiederum ihrer Führungskraft und delegiert Ziele, Aufgaben *und* Verantwortung an die Mitarbeiter. Der einzelne Mitarbeiter ist verantwortlich für *seine* Ziele *und* die Maßnahmen, die er zum Erreichen des Zieles einsetzt. Sofern es keine Probleme und Abweichungen gibt, melden die Mitarbeiter lediglich die Zielerreichung an die Führungskraft zurück. Die Führung zum selbstverantwortlichen Mitarbeiter setzt sehr viel Vertrauen der Führungskraft in ihre Mitarbeiter voraus, weil die enge und ständige Kontrolle der Abläufe nicht mehr möglich ist – sie schafft aber andererseits auch sehr viel Freiräume.

Bringen Sie Ihren Mitarbeitern Vertrauen entgegen und fordern und fördern Sie Ihre Mitarbeiter durch zunehmende Übertragung von Verantwortung. Steigende Einbindung in Verantwortung dokumentiert Ihren Mitarbeitern Wertschätzung und Anerkennung in viel höherem Maße, als es durch Lob oder Worte möglich wäre. Sie werden sehen, Ihre Mitarbeiter werden Ihnen diesen Vertrauensbonus durch effektivere und effizientere Arbeit danken. Für Sie sind nicht die Freiräume entscheidend, die Sie durch das „Wegdelegieren" von Aufgaben erhalten, sondern entscheidend sind die zusätzlichen Freiräume, die Sie sich durch die Delegation und Übertragung von Verantwortung schaffen. Jeder Mensch kann auf seinen Schultern nur eine begrenzte Menge von Verantwortung tragen – auch Sie!

Haben Sie in diesem Zusammenhang einmal darüber nachgedacht, inwieweit Ihre Führungskraft Ihnen selbstverantwortliches Handeln zugesteht? Ihre Motivation ist ebenso davon abhängig, wie frei Sie sich in den Ihnen zur Verfügung gestellten Kompetenzen bewegen können. Entspricht das Ihren Vorstellungen? Wünschen Sie sich mehr Freiräume? Möchten Sie mehr Verantwortung übernehmen? Möchten Sie Ihrer Führungskraft *noch mehr* den Rücken freihalten? Es ist auch Bestandteil des selbstverantwortlichen Handelns, nicht nur Aufgaben und Ziele eigenverantwortlich zu erreichen. Ebenso sind Sie und jeder andere Mensch selbst dafür verantwortlich, in welchem Umfeld und unter welchen Bedingungen Sie arbeiten. Sich fatalistisch zurückzulehnen und zu sagen: *„Es ist wie es ist und es war noch nie anders"*, ist nicht statthaft! Nehmen Sie auch hier Ihr Leben selbst in die Hand und nutzen Sie das nächste Mitarbeitergespräch mit Ihrer

Führungskraft, um Ihre Vorstellungen des selbstverantwortlichen Handelns zu verbalisieren. Vielleicht freut sie sich darüber?

5.2 Die Reise nach Rom – Magie der gelenkten Freiheiten

Stellen Sie sich vor, Sie sind Vertriebsleiter in einem großen Unternehmen und haben übermorgen um 14 Uhr einen Termin mit einem besonders wichtigen Kunden im Rom. In dem Gespräch wird es um die Auswirkungen Ihres neuen Vertriebskonzeptes in Italien gehen. Deshalb entscheiden Sie, nicht alleine zu reisen, sondern den Kunden gemeinsam mit Ihrem Mitarbeiter, Herrn Schneider, zu besuchen, der maßgeblich an diesem neuen Vertriebskonzept mitgearbeitet hat. Da Ihr Firmensitz in Frankfurt ist, beschließen Sie, zu fliegen.

Die Flugverbindungen sind so gut, dass Sie die Reise sogar an einem Tag schaffen können. In einem Telefonat mit Herrn Schneider, in dem Sie den Termin und die Reiseplanung absprechen möchten, eröffnet Ihnen Herr Schneider, dass er unter extremer Flugangst leidet, seit zwei Jahren kein Flugzeug mehr bestiegen hat und auch nicht gedenkt, es jemals wieder zu tun.

Was nun, Herr Vertriebsleiter? Termin absagen? Keinesfalls, der Kunde ist zu wichtig! An Stelle des Herrn Schneider einen anderen Mitarbeiter mitnehmen? Nein, Herr Schneider ist der geeignetste und außerdem nehmen Sie nach Möglichkeit keine Delegation (denn auch die gemeinsame Reise ist eine Form der Delegation) ohne guten Grund zurück. Alternative Reisewege? Ja! Sie führen natürlich kooperativ und erwarten von Ihren Mitarbeitern selbstverantwortliches Handeln. Deshalb bleiben Sie dabei, den Termin gemeinsam mit Herrn Schneider wahrzunehmen und „zwingen“ ihn natürlich nicht, gemeinsam mit Ihnen zu fliegen. Sie übertragen die Verantwortung, am übernächsten Tag um 14 Uhr bei Ihrem Kunden zu sein, an Herrn Schneider und bitten ihn, Ihnen in zwei Stunden einen alternativen

Reiseplan vor zu legen. In diesem Gespräch wird dann der Reiseweg, der Handlungsrahmen des Herrn Schneider festgelegt.

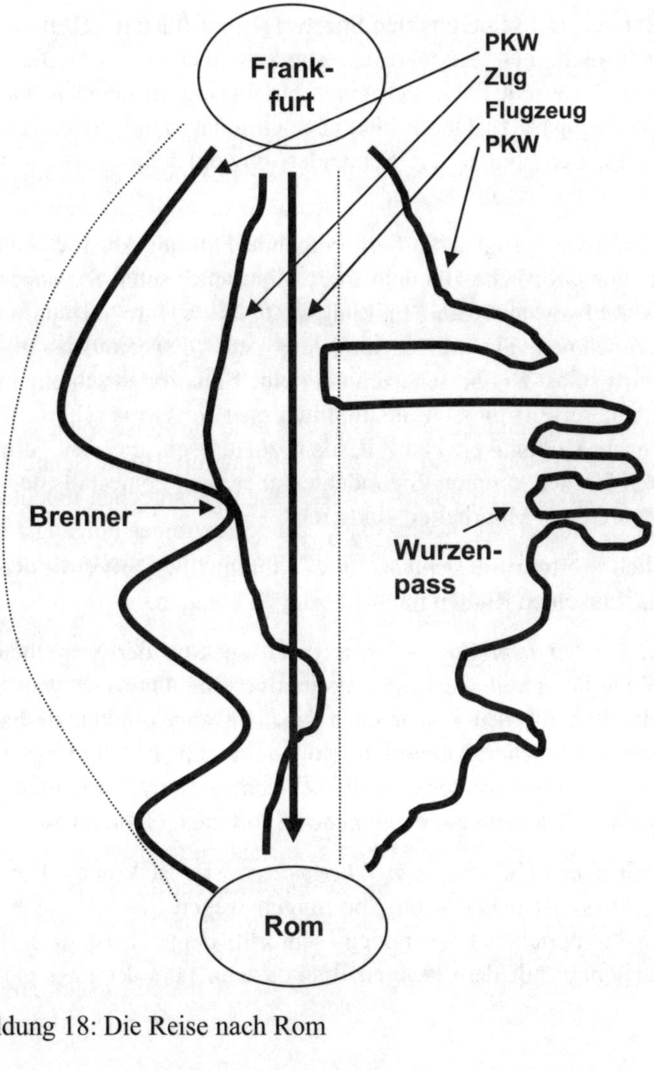

Abbildung 18: Die Reise nach Rom

Viele Wege führen nach Rom! Sie sitzen nun mit Herrn Schneider zusammen und fragen ihn, wie er nach Rom kommen wird. Als guter Mitarbeiter hat er in Alternativen gedacht und sowohl die Reise mit dem PKW als auch die mit dem Zug ins Kalkül gezogen. Herr Schneider ist Autonarr, möchte deshalb nicht mit dem Zug reisen und schlägt vor, mit seinem neuen Sportwagen nach Rom zu fahren. Weil cr aber nicht nur Autonarr ist, sondern auch als Alpenfan Pässe „sammelt“ ist sein Plan, sich einen Urlaubstag zu nehmen und über den Wurzenpass zu fahren, den er noch nicht kennt. Selbstverständlich versichert Ihnen Herr Schneider, obwohl Februar ist, in jedem Fall pünktlich in Rom zu sein.

Sie sind, wie gesagt, eine hervorragende Führungskraft, die auf das eigenverantwortliche Handeln Ihrer Mitarbeiter setzt. Sie haben aber als verantwortungsvolle Führungskraft auch Ihre Schutzfunktion wahrzunehmen. Sie müssen einerseits den Mitarbeiter davor schützen, sich selbst zu überschätzen oder eine Situation falsch einzuschätzen. Andererseits müssen Sie die Interessen der Firma schützen, nämlich nach Möglichkeit keine Risiken zuzulassen, die den Termin in Rom gefährden könnten. Sie möchten aber auch keinesfalls den Weg, die Route ihres Mitarbeiters diktieren.

Folglich erörtern Sie *gemeinsam* mit Ihrem Mitarbeiter die Risiken, die die einzelnen Routen mit sich bringen könnten.

1. *Reise mit dem Zug* – Unter den Aspekten der Sicherheit und Zuverlässigkeit die beste Alternative zum Flugzeug. Ein Streik der italienischen Eisenbahner ist nicht angekündigt, deshalb ist mit pünktlicher Ankunft in Rom zu rechnen. Allerdings ist für Herrn Schneider der Zug die schlechtste der Alternativen, da er nicht mit seinem geliebten neuen Sportwagen fahren kann.

2. *Mit dem PKW über den Wurzenpass* – Es ist Winter. Der Wurzenpass ist bekannt für Sperrungen wegen Lawinengefahr. Der Wetterbericht ist zwar nicht schlecht, dennoch ist diese Route diejenige mit dem größten Risiko, denn falls der Pass plötzlich

gesperrt werden sollte, sind auch die Ausweichrouten zeitlich kaum zu kalkulieren.

3. *Mit dem PKW über den Brenner* – Die Brenner-Route ist im Winter bei gutem Wetter eine realistisch zu kalkulierende Strecke. Selbst wenn mal wieder die LKW-Fahrer streiken sollten, kann man immer noch die parallel verlaufende alte Passstrasse fahren und verliert nicht allzu viel Zeit. Deshalb ist diese Route nach der Alternative, mit dem Zug zu fahren, die beste Wahl.

Nach *gemeinsamer* Abwägung der zur Verfügung stehenden Alternativen vereinbaren Sie mit Herrn Schneider einen Zielkorridor. Dieser Zielkorridor ist der Handlungsrahmen, der Herrn Schneider zur Erreichung des Zieles, übermorgen um 14 Uhr in Rom zu sein, zur Verfügung steht. Dieser Zielkorridor ist in unserer Zeichnung durch die gestrichelten Linien gekennzeichnet. Herr Schneider hat also die *Freiheit*, sich eigenverantwortlich dafür zu entscheiden, ob er mit dem Zug reist, oder mit dem PKW über den Brenner fährt. Der Wurzenpass liegt außerhalb des vereinbarten Zielkorridors und scheidet damit als Alternative aus.

Was ist bei der Delegation der Aufgabe, übermorgen um 14 Uhr in Rom zu sein, passiert? Sie, der Vertriebsleiter, haben sich richtigerweise nicht für einen anderen Mitarbeiter entschieden, sondern haben den Flugangst besetzten Herrn Schneider gebeten, in Alternativen zu denken und Handlungsszenarien zu entwickeln, die seinen eigenen Vorstellungen entsprechen. Herr Schneider, der natürlich von der Wichtigkeit des Besuches überzeugt ist, wird dementsprechend intrinsisch motiviert eine Route fahren, die er selbst als Alternative entwickelt hat.

Kommt er nun zu spät, trägt er die Verantwortung für seine Verspätung. Diese Fehlleistung sollte dann in einem Mitarbeitergespräch eingehend erörtert werden. Dennoch tragen Sie die Verantwortung dafür, dass der Termin nicht wie geplant zu Stande gekommen ist, denn Sie haben den vorgeschlagenen Handlungsrahmen akzeptiert.

Hätten Sie hingegen z. B. die Fahrt mit dem Zug *diktiert* und – aus welchem Grund auch immer – der Zug zu spät gekommen wäre, was hätte Ihr Mitarbeiter Herr Schneider gemacht? Er hätte jede Verantwortung von sich gewiesen, weil Sie es waren, der bestimmt hat, wie Herr Schneider nach Rom kommen soll und wahrscheinlich hätte er sich noch aus lauter Schadenfreude auf die Schenkel geklopft. Gelenkte Freiheiten animieren Mitarbeiter, Verantwortung zu übernehmen und in Handlungsszenarien zu denken.

5.3 Wie viel Verantwortung (ver)trägt ein Mitarbeiter?

Immer so viel wie er tragen kann und tragen will! Das muss aber nicht unbedingt das Gleiche sein. Aus der sehr subjektiven Sicht des Mitarbeiters ist das „tragen will" manchmal viel früher ausgeschöpft als das „tragen kann". Folglich müssen Sie als Führungskraft das richtige Maß an Verantwortung ausloten, das der Mitarbeiter wirklich tragen kann.

Verantwortung zu geben und zu übernehmen ist ein sukzessiver Prozess und geht mit Erfahrung einher. Je mehr positive Erfahrungen ein Mitarbeiter mit der Übernahme von Verantwortung gesammelt hat, desto eher wird er bereit sein, zusätzlich Verantwortung zu übernehmen. Ihre Aufgabe ist es, den Mitarbeiter vor negativen Erfahrungen zu schützen und nicht zuzulassen, dass er sich selbst überfordert oder Sie ihn mit zu viel Verantwortung überfordern.

Der Terminus „Verantwortung tragen" bringt durch das Wort „tragen" sehr schön zum Ausdruck, dass Verantwortung auch zu einer Last werden kann, an der man durchaus auch mental schwer zu tragen haben kann. Verantwortung zu übernehmen und andere dadurch zu entlasten ist ein wichtiges Kriterium für die Bewertung von Mitarbeitern. Aus diesem Grunde werden Sie selten von einem Mitarbeiter hören, dass er weitere Verantwortung nicht tragen möchte. Der Begriff

„Verantwortung" ist im betrieblichen Umfeld eher positiv belegt, denn wer viel Verantwortung übernimmt, beherrscht seine Funktion und ist ein guter Mitarbeiter und der, der Verantwortung ablehnt, möchte die Verantwortung für sein Handeln nicht übernehmen. Lehnt ein Mitarbeiter Verantwortung ab, gilt es zu ergründen, warum er es tut. Ist er tatsächlich überlastet, darf ihm keine weitere Verantwortung übertragen werden, lehnt er sie aus anderen Gründen ab, muss er langsam an das „Mehr" an Verantwortung herangeführt werden. Verantwortung für etwas zu haben, hat immer mit Handeln zu tun und vice versa Handeln auch immer mit Verantwortung. Deshalb ist jeder Mensch für das verantwortlich was er tut und genauso für das, was er nicht tut.

Zu spüren, wie viel Verantwortung ein Mitarbeiter wirklich zu tragen vermag, setzt sehr viel Sensibilität und Erfahrung der Führungskraft voraus, weil eben kaum ein Mitarbeiter sagen wird, dass er keine weitere Verantwortung mehr haben möchte. Ausnahme: Einem Mitarbeiter wird eine Aufgabe delegiert und der Weg wird vorgeschrieben. Dann wird er womöglich sagen: „Das ist aber nicht mehr meine Verantwortung!" Und Recht hat er. Denn er braucht die Verantwortung nicht zu übernehmen, weil ihm sowohl die Aufgabe, als auch die Maßnahmen zur Zielerreichung *diktiert* worden sind.

Schützen Sie als Führungskraft Ihre Mitarbeiter davor, zu viel Verantwortung zu übernehmen und eine Last zu übernehmen, an der sich der Mitarbeiter übernimmt, die er nicht mehr tragen kann. Fragen Sie sinnbildlich immer, ob der Mitarbeiter weitere Verantwortung will und achten Sie sehr genau auf die Antwort. Diese Antwort muss nicht immer verbal ausgesprochen werden, sie kann sich auch in Leistung oder Gestik ausdrücken. Akzeptieren Sie ein „Nein", wenn der Mitarbeiter keine zusätzliche Verantwortung mehr tragen kann, denn ein frühes „Nein" kann Sie *und* Ihren Mitarbeiter vor einem späteren Misserfolg schützen. Belassen Sie jedoch die Verantwortung bei einem Mitarbeiter, wenn er die Verantwortung nicht tragen möchte, aber könnte. Niemand darf sich vor der Verantwortung (ver-)drücken, die er qua seiner Funktion und Aufgabenstellung übernehmen muss.

5.4 Die selbstverantwortliche Führungskraft

Jeder ist für sich selbst verantwortlich – auch Führungskräfte! Halten Sie sich immer vor Augen, dass Sie das *wo* Sie etwas tun, das *wie* Sie etwas tun und das *mit wem* immer vor sich selbst und anderen zu verantworten haben. Kant hat einmal gesagt: *„Handle so, dass die Maxime deines Handelns jederzeit zur Grundlage einer allgemeinen Gesetzgebung werden könnte."* Mit diesen Maßstäben werden Sie auch von Ihren Mitarbeitern und von Ihrem Umfeld gemessen.

In der heutigen Zeit steigen die Ansprüche an eine Führungskraft. Es gilt, anspruchsvolle Ziele mit immer weniger finanziellen und personellen Mitteln zu erreichen oder mehr und anspruchsvollere Ziele mit konstanten Ressourcen. Das macht das Leben einer Führungskraft nicht unbedingt leichter, weil die Änderung von Rahmenbedingungen und gestiegenen Anforderungen auch Veränderungen im Hinblick auf die eigene Toleranz, Belastbarkeit und Fähigkeiten nach sich ziehen.

Um diesen gestiegenen Anforderungen gerecht werden zu können, sollte eine Führungskraft:

- den eigenen Idealen treu bleiben, sie vertreten und die Ziele anderer nicht über die eigenen stellen. Auch hier gilt, dass jeder nur Verantwortung für das übernimmt, was er selbst steuern und beeinflussen kann.
- eine hohe Frustrationstoleranz besitzen, weil in schwierigeren Zeiten fast zwangsläufig die Anzahl der Aufgaben steigt, bei denen Probleme auftauchen. Als guter „Rote-Lampe-Manager" will er nur über Abweichungen und Probleme informiert werden und das passiert dann auch. Er muss sich zunehmend um notleidende Projekte kümmern, Aufgaben koordinieren und Mitarbeiter aufbauen.
- ihr Harmoniebedürfnis reduzieren und Konflikten nicht aus dem Weg gehen. Anspruchsvolle Ziele zu erreichen und ein angemessenes Arbeitsklima zu schaffen und zu halten, geht nicht ohne Konflikte. Konflikte muss eine Führungskraft lösen oder akzeptieren – aber niemals ignorieren und aussitzen.

– sich bewusst sein, dass nicht alle Konflikte zu lösen sind. Zielkonflikte, Interessenkonflikte und Beziehungskonflikte muss eine Führungskraft auch „aushalten“ können, ohne an sich selbst oder anderen zu zweifeln.

– keine „faulen“ oder „billigen“ Kompromisse eingehen, um das eigene Harmoniebedürfnis oder das anderer zu befriedigen. Nicht zielkonforme Kompromisse stören den Ablauf und helfen bestenfalls der Person.

– akzeptieren, dass Veränderungen niemals ohne Konflikte zu erreichen sind, weil es immer jemanden geben wird, der ein ausgeprägtes Interesse daran hat, den alten, aus seiner Sicht möglicherweise richtigen, Zustand zu belassen.

– wissen, dass Führung von Mitarbeitern, auch wenn sie noch so kooperativ ausgelegt ist, niemals ein rein demokratischer Akt sein kann. Führung bedeutet auch Macht und Machterhalt.

– körperliche und seelische Robustheit besitzen und an der körperlichen und geistigen Fitness arbeiten. Nur wer fit ist, kann Konfrontationen auf Dauer auch durchstehen und lösen.

Für alles das sind Sie als Führungskraft selbstverantwortlich und nur Sie sind es, der die Anforderungen erfüllen bzw. sich darauf vorbereiten kann. Je höher Sie auf der Karriereleiter steigen, desto weniger Menschen werden Sie haben, die Ihnen helfen können oder die Sie um Rat fragen können. Und, je höher Sie steigen, desto mehr werden Sie damit beschäftigt sein, den Bereich, für den Sie Verantwortung tragen, vor „Angriffen“ von außen *und* innen zu schützen. Diese Form der Verteidigung, auch der Schutz der Ihnen anvertrauten Mitarbeiter, ist eine der wichtigsten Führungsaufgaben und selbstverständlich nicht delegierbar. Dennoch ist es schön, Verantwortung zu übernehmen und die Freiräume zu haben, die notwendig sind, um sich selbst und die Mitarbeiter zum selbständigen Handeln zu entwickeln.

Es ist schön, Verantwortung zu übernehmen. Sie müssen sich nur zu jeder Zeit darüber im Klaren sein, dass Verantwortung auch zu einer Last werden kann, wenn Sie die Konsequenzen der Verantwortung *vorher* nicht richtig eingeschätzt haben. Sie tragen auch nicht nur Verantwortung in Ihrem beruflichen Umfeld, sondern ebenso die Verantwortung für Ihr privates und gesamtes Leben. Bücher wie: „Die Neurosen der Chefs“ oder „Beruflich Profi, privat Amateur“

setzen sich mit dem Spagat zwischen den Anforderungen des Berufes und denen des privaten Lebens auseinander.

Macht und Erfolg machen einsam, aber diese Einsamkeit darf sich nicht auf Ihre private und familiäre Situation übertragen, sonst wird Ihnen die persönliche Ausgeglichenheit fehlen, die notwendig ist, um auch schwierige Zeiten zu meistern.

Sie bleiben privat und beruflich immer für sich selbst verantwortlich. Verantwortung für Aufgaben und sogar die Verantwortung für andere Menschen können Sie delegieren – die Verantwortung für sich selbst niemals. Sonst geben Sie Ihr Leben aus Ihren Händen.

6. Jetzt ist wirklich Schluss

Denn es ist nun einmal nicht anders,
dass man, sobald man fertig ist,
gleich wieder was Neues
im Sinne haben müsse.

Goethe

Nun liegt es an Ihnen!

„Geht nicht – gibt es nicht!“ ist ein Ausspruch von Führungskräften im Moment der Hilf- und Ratlosigkeit. Wir hoffen, dieses Buch kann dazu beitragen, Situationen zu vermeiden, in denen ein Grad der Ratlosigkeit entsteht, wo leicht zu solchen oder ähnlichen Floskeln gegriffen wird.

Jede Führungskraft ist aufgefordert, *vor* der Delegation von Zielen, Aufgaben und Tätigkeiten die Realisierbarkeit zu überprüfen. Wenn Sie sicher sind, dass eine Aufgabenstellung realisierbar ist, kann Ihnen kein Mitarbeiter sagen: „Das geht doch gar nicht.“ Selbst wenn er es tun sollte, wissen Sie, wie es geht und können den Weg, die Maßnahmen skizzieren.

Zugegeben, es wird immer wieder Ziele und Aufgabenstellungen geben, wo Sie *vorher* nicht mit absoluter Sicherheit sagen können, dass dieses Ziel, der gewünschte Endzustand, wirklich mit den gegebenen Mitteln erreichbar ist. Wenn Sie eine solche Aufgabe delegieren, seien Sie offen und signalisieren Sie Ihrem Mitarbeiter, dass auch Sie nicht sicher sind, ob dieses anspruchsvolle Ziel erreichbar ist und teilen Sie sich in solchen Fällen die Verantwortung. So sind Sie gemeinsam für einen eventuellen Misserfolg verantwortlich und die Last der Verantwortung wird ebenfalls geteilt.

Die Führung von Mitarbeitern durch Delegation von vereinbarten Zielen und Aufgaben wird Ihnen bei konsequenter Anwendung Freiräume und Freiheiten schaffen, die Sie so bis jetzt möglicherweise noch nicht gehabt haben. Darüber hinaus werden Ihre Mitarbeiter Sie als berechenbare und transparente Führungskraft erleben, die kooperativ, teamorientiert, fordernd und fördernd führt.

Zum Schluss noch zwei Anmerkungen:

1. Animieren Sie Ihre Mitarbeiter zur Selbständigkeit, „erziehen“ Sie sie dazu, auch in Zeiten Ihrer eigenen Abwesenheit selbstverantwortlich im Rahmen ihrer Kompetenzen zu entscheiden und

nicht darauf zu warten, bis Sie wieder da sind. Voraussetzung dafür ist, dass Sie und Ihre Mitarbeiter vorausschauend planen und anstehende Entscheidungen antizipieren. Und, benennen Sie einen Vertreter, der auch wirklich vertretungsfähig ist. Übergeben Sie ihm Ihre Projekt- und Delegationslisten und besprechen Sie diese mit ihm.

2. Vermeiden Sie die „stille Delegation“ oder die „unpersönliche Delegation“. Delegation hat immer mit Fragen und Antworten zu tun und ist damit ein kommunikativer Prozess zwischen Menschen. Wenn Sie der Ansicht sind, in Ihrem Verantwortungsbereich muss etwas gemacht werden, dann warten Sie nicht darauf, dass sich irgend jemand darum kümmert. Es wird nur etwas passieren, wenn Sie sagen, wer was machen soll.

Wenn Sie in den nächsten Tagen, Wochen oder Monaten das Gefühl haben, zur Erledigung der laufenden Arbeit von Ihren Mitarbeitern nicht mehr gebraucht zu werden, dann sind Sie auf dem richtigen Weg. Keine Angst, denn dieses „Nicht-gebraucht-zu-werden“ ist das, was wir erreichen möchten, denn das schafft die Kapazitäten und Freiräume für Ihren ganz persönlichen Erfolg.

Seien Sie mutig und lassen Sie das los, was Sie nicht festhalten müssen: Ihre selbstverantwortlich handelnden Mitarbeiter!

Literatur

Beatty, Jack: Die Welt des Peter Drucker, Frankfurt/Main, New York, 1998

Bungard, Walter/Kohnke, Oliver: Zielvereinbarungen erfolgreich umsetzen, Wiesbaden, 2000

De Pree, Max: Die Kunst des Führens, Frankfurt/Main, New York, 1992

Drucker, Peter F.: Die ideale Führungskraft, Düsseldorf, München, 1995

Drucker, Peter F.: Die Praxis des Managements, Düsseldorf, München, 1998

Drucker, Peter F.: Sinnvoll wirtschaften, Düsseldorf, München, 1997

Goleman, Daniel: Emotionale Intelligenz, München, 1997

Gross, Günther F.: Beruflich Profi, privat Amateur?, Landsberg/Lech 1992

Hesse, Jürgen: Die Neurosen der Chefs, Frankfurt/Main, 1994

Kollenz, Wolfgang: Die Kunst der Demotivation, Wiesbaden, 1999

Kühl, Stefan: Wenn die Affen den Zoo regieren, Frankfurt/Main, New York, 1995

Lasko, Wolf W.: Motivation und Begeisterung, Wiesbaden, 2001

Lay, Rupert: Führen durch das Wort, München, 1991

Lay, Rupert: Wie man sinnvoll miteinander umgeht, Düsseldorf, Wien, New York, Moskau, 1992

Peters, Tom: Jenseits der Hierarchien, Düsseldorf, München, 1993

Rüdenauer, Manfred: Ökologisch führen, Wiesbaden 1991

Sprenger, Reinhard K.: Aufstand des Individuums, Frankfurt/Main, New York, 2000

Sprenger, Reinhard K.: Das Prinzip Selbstverantwortung, Frankfurt/Main, New York, 1995

Wildenmann, Bernd: Die Faszination des Ziels, Neuwied, 2000

Woll, Artur: Allgemeine Volkswirtschaftlehre, München, 1974

Stichwortverzeichnis

Die Autoren

Rita Strackbein arbeitete nach dem Studium der Wirtschaftswissenschaften mit dem Studienschwerpunkt Personal- und Organisationsentwicklung als Trainerin für ein Schweizer Trainingsinstitut, bevor sie 1993 die Diskurs KG, Gesellschaft für Personal- und Organisationsentwicklung in Wuppertal gründete. Ihre Trainings- und Beratungskompetenz hat sie in den Bereichen Führung, Führungscoaching und –training, Führen durch Ziele, Motivation und Konfliktmoderation. Ihr Motto: „Love it, change it or leave it."

Dirk Strackbein sammelte nach dem Studium der Wirtschaftswissenschaften mit dem Schwerpunkt Konsum und Marketing Berufserfahrungen in verschiedenen Führungspositionen der Konsumgüterindustrie, bevor er als Trainer und Moderator zu Diskurs stieß. Seine Beratungs- und Trainingsschwerpunkte sind: Marketing und Vertrieb, Strategieentwicklung, Führen durch Ziele, Selbstorganisation und Kommunikations- und Interaktionsanalysen. Sein Motto: „Jeder will die Veränderung. Ist sie dann da, gilt es, ihr nur noch den Schrecken zu nehmen."

Vielleicht haben Sie Interesse, uns Ihre Meinung zum Buch oder Ihre ganz persönlichen Erfahrungen oder Probleme mit der Umsetzung mitzuteilen. Wir freuen uns über jeden Kommentar und sei er noch so kritisch.

Rita Strackbein, Dirk Strackbein
Diskurs KG, Organisations- und Personalentwicklung
Moltkestr. 40, 42115 Wuppertal
Tel.: 0202-370 22 21
Fax: 0202-370 22 25
E-Mail: info@diskurs.net
Web: www.diskurs.net